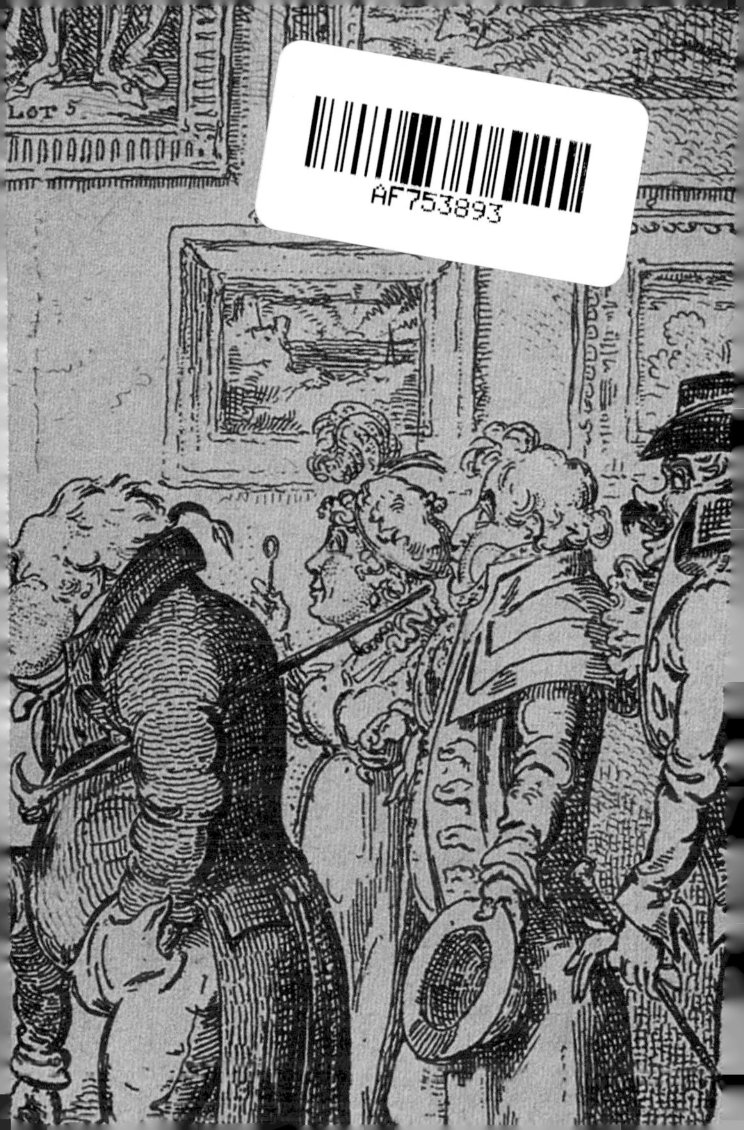
LOT 5

EL ABECEDARIO DEL COLECCIONISTA

EC

EDITORIAL CÁNTICO
COLECCIÓN ABECEDARIOS
DIRIGIDA POR RAÚL ALONSO

cantico.es · @canticoed

Editorial Cántico
Parque Logístico de Córdoba
Carretera de Palma del Río, km. 4
14005 Córdoba

ISBN: 978-84-10288-06-5
Depósito legal: CO 956-2024

Impresión y encuadernación:
Imprenta Luque S.L.

EZIO PAGANO

EL ABECEDARIO DEL COLECCIONISTA

EDITORIAL CÁNTICO

COLECCIÓN ABECEDARIOS

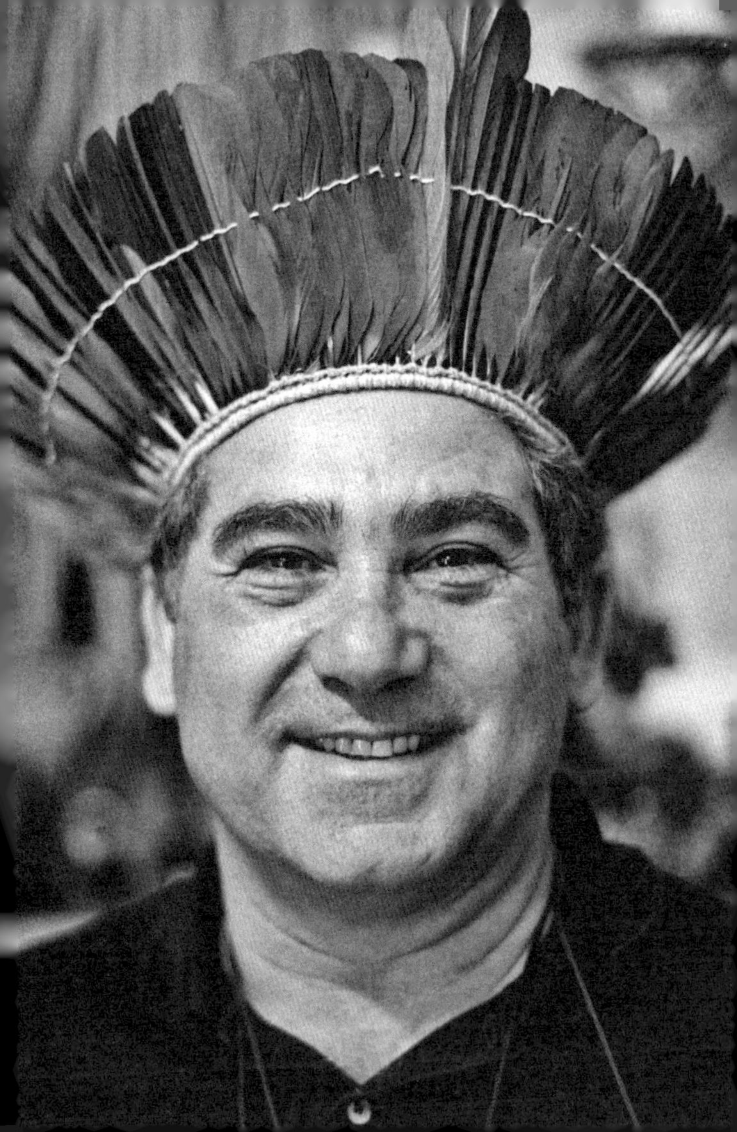

SOBRE EL AUTOR

Ezio Pagano es galerista, crítico de arte, agitador cultural y creador de Museum, observatorio del arte siciliano. Es una de las personalidades más relevantes de la esfera del arte y la cultura en Italia. Ha creado y dirigido numerosas galerías de arte en Bagheria, entre ellas Il Poliedro, Il Nibbio, así como una imprenta, un club cultural, hasta llegar al observatorio sobre el arte siciliano contemporáneo Museum, con unas 200 obras de arte de extraordinaria importancia. En los últimos años ha viajado por todo el mundo organizando exposiciones, aterrizando en Australia y Estados Unidos. Asimismo formó parte del consejo de administración de Villa Cattolica y fue el promotor de importantes exposiciones como «Lombra degli Dei» (La sombra de los dioses), en 1998, en colaboración con la Universidad de Palermo en Villa Cattolica, y la exposición individual sobre Salvatore Scarpitta, también en Villa Cattolica, unos años más tarde. Colabora en importantes medios de comunicación dedicados al arte y la actualidad cultural como *Segno*, y es autor de varios títulos entre los que cabe destacar *El abecedario del coleccionista* o su propia autobiografía titulada *Dai mitici anni Sessanta allalba del terzo millennio.*

BUENA COLECCIÓN A TODOS

NOTA DEL AUTOR A LA EDICIÓN ESPAÑOLA

De joven fuiste un buen estudiante, te graduaste con honores e hiciste un máster en Londres. Esta trayectoria te allanó el camino hacia un trabajo bien remunerado.

Como persona acomodada, sentiste la necesidad de cambiar de barrio y te mudaste a la zona de los «caballeros». Aquí experimentaste la opulencia: bonita casa, bonitos muebles, platería e incluso las obras de arte de las que hasta entonces habías carecido. De hecho, te lanzas inmediatamente a tu primera compra y, sin saberlo, cuelgas en tu salón un trasto que no solo te hace quedar mal a los ojos de tus amigos, sino que también te hiere el alma.

Este hecho te lo cuenta un amigo a modo de anécdota, y aunque sea un poco ficticia, merece la pena pensar en ella.

Mi padre el día de mi graduación, bien aconsejado, me regaló un valioso cuadro, pero yo no lo aprecié porque no tenía un paladar refinado para el verdadero arte. Todavía estaba soltero y vivía con mis padres, y mientras esperaba a tener una casa propia, mi padre lo colgó en el salón. Pasaron diez largos años, entretanto llegaron la graduación, el matrimonio y, por fin, mi nueva y hermosa casa, aunque alquilada. Mi padre, que en su momento había escrito una dedicatoria para mí detrás del cuadro, se presentó con el cuadro en su primera visita a nuestra casa. A mi mujer y a mí no nos gustaba mucho, pero para contentar a mi padre cogí el martillo y el clavo y lo coloqué en el salón para exponerlo allí. El cuadro tuvo mala suerte y cambió de sitio muchas veces, hasta que acabó en una pared semioculta al final del pasillo. En otra visita de mis padres, él se dio cuenta de la degradación que había sufrido el importante cuadro y sin darse la vuelta me dijo: «si no te gusta, véndelo y cómprate algo que te guste». En los días siguientes lo llevé a un chamarilero para venderlo y me ofreció unos cientos de euros, así que me lo traje de nuevo para casa porque no valía la pena y volví a hablarlo con mi padre, quien me aconsejó que lo llevara a un verdadero marchante de arte, cosa que hice, el cual multiplicó los honorarios y me ofreció mucho más dinero hasta el punto de que no solo me sorprendió, sino que hasta me hizo desconfiar y quise volver a hablarlo con mi padre, dada la considerable cantidad de 20.000 euros. Mi padre, sabiendo que la obra valía mucho más, me aconsejó de nuevo y me dijo que hiciera tasar ese cuadro en una importante galería de París donde podría obtener más, por lo que consideré que el viaje a Francia merecía la pena y finalmente regresé a casa con más de 100.000 euros, con los que compré la casa que tenía alquilada y realicé el sueño de mi vida. Han pasado poco más de diez años desde aquel día. Entretanto, me he convertido en un amante del arte y un asiduo visitante de galerías y museos, y mi casa es hoy un pequeño museo con una de las colecciones de arte más importantes de la región.

¿Cuál es la moraleja de esta historia? Hay muchas, la más importante es que en el arte, al menos al principio, el bricolaje no funciona.

Buena colección a todos.

A Filippo, Giulia, Francesco y Marco

No creas que te puede apasionar el arte
si antes no te has enamorado de la naturaleza.

EZIO PAGANO

Aquel que trabaja con sus manos es un trabajador.
Aquel que trabaja con sus manos
y su cabeza es un artesano.
Aquel que trabaja con sus manos,
su cabeza y su corazón es un artista.

SAN FRANCISCO DE ASÍS

INTRODUCCIÓN
LA SICILIA EUROPEA DE EZIO PAGANO
TESTIMONIO DE FRANCO LO PIPARO

La palabra «colección» se deriva del latín *colligere*, «juntar».[1] Una colección no es la reunión aleatoria de cosas u objetos, sino un conjunto coherente de elementos que se reúnen por una razón. Un coleccionista es alguien que, basándose en un plan unificador, reúne unos objetos y excluye otros. Todos libros de una gran biblioteca no constituyen en sí una colección, como tampoco lo es el inmenso patrimonio artístico que contiene el Louvre. En cambio, sí lo es la sección de la biblioteca donde solamente

---

1 En español, se conserva, aunque poco usada, la forma «colegir», que viene directamente del latín *colligere*, con el significado de «juntar en uno las cosas que están sueltas y esparcidas», pero también con su acepción de «inferir o deducir», de recoger las ideas. En italiano, Lo Piparo nos habla de la equivalencia entre *raccogliere* y la voz latina *colligere*. [N. del T.]

se encuentran libros impresos en el siglo XVI, o las salas del Louvre donde tan solo se albergan obras de pintores flamencos, por ejemplo.

Ezio Pagano es un refinado coleccionista de obras de arte. Es coleccionista, y no por poner las obras de arte en el mismo sitio sin tener en cuenta su fabricación o el significado que tengan. Es coleccionista porque su acto de juntar está guiado por un propósito y un proyecto. Pagano lo expresa muy bien: «La colección puede definirse idealmente como un puzle en el que cada pieza corresponde a una obra de arte y quien las ensambla tiene que asegurarse de que encajan de la manera correcta».

En el *Abecedario del coleccionista,* no interpreta al profesor de cátedra que desde la altura de sus conocimientos explica lo que debe o no debe hacer un coleccionista. Opta por la vía didácticamente más eficaz: relata sus extraordinarias décadas de experiencia como paciente y metódico coleccionista de obras de arte en función de un proyecto cognitivo. Comparado con el profesor que juzga desde arriba, tiene una ventaja nada desdeñable: cualquiera puede visitar el resultado de su trabajo como coleccionista, el cual se encuentra en el extraño y original «*paese-che-non-è-paese*»,[2] llamado Bagheria. Pagano ha dado a la colección el ambicioso nombre de *Museum*.

Ilustrar/Relatar: las dos ideas-guía que rigen la Colección Museum de Pagano Una idea militante del arte

Ningún arte, si es arte, es concreto o realista. «El arte es todo abstracto», escribe Pagano. Nada más abstracto, por ejemplo, que los rostros de los trabajadores del azufre o de los campesinos pintados por Renato Guttuso en los años cincuenta y sesenta del siglo pasado. ¿Por qué? Porque las teorías de Marx son visibles en esos rostros. Por poner otro ejemplo: ¿se pueden

2 Literalmente, *país-que-no-es-país*; en italiano, *paese* también posee el significado de aldea, pueblo o región. [N. del T.]

separar las obras de Giotto de los relatos de los Evangelios y de la teología cristiana?

Que el arte sea todo abstracto significa que cada obra de arte, si es tal, propone una idea del mundo y, por tanto, genera debate y emociones. Cada una de las obras de la Colección Pagano es un punto de partida para posibles seminarios y lecturas interpretativas.

Los autores de las obras de la Colección Pagano son sicilianos del siglo XX

Atención a un matiz sustancial: *los artistas son sicilianos, pero su temática no es única y exclusivamente sobre Sicilia*. Por la sencilla razón de que Sicilia no es una realidad étnica autónoma y separada del resto del mundo.

La Colección Museum es su obra viva. Sin dejar de ser algo específico de la ciudad donde nació y vive Pagano, me gusta pensar en Museum como una de las últimas manifestaciones de la matriz europea de la que nació la comunidad llamada Bagheria hace algo más de tres siglos.

¿Qué fueron las villas aristocráticas construidas a partir de finales del siglo XVII en la *floresta dicta Bacharia*[3] (Roger II de Sicilia en 1134) sino la introducción masiva de la cultura y los estilos de vida europeos en una zona entonces escasamente poblada? La Sicilia europea. Museum y Pagano forman parte de ella.

3 En español: *un bosque llamado Bacharia*. Desde la desaparición de la antigua ciudad de Solunto, a esta zona de Sicilia se le conocía en la Edad Media como un simple bosque para la explotación de madera. [N. del T.]

UN SINGULAR ABECEDARIO

PREFACIO DE ANNA MARIA RUTA

Conozco a Ezio Pagano desde hace muchos años y siempre he apreciado sus elecciones innovadoras y su seria labor de afirmación de lo contemporáneo, lo mejor de lo contemporáneo, en la realidad artística bagheresa y, más ampliamente, siciliana. De galerista primero a director de un museo propio después, a promotor de cultura siempre, y de alta calidad, Pagano es un «intelectual» particular, polifacético y siempre sorprendentemente nuevo. Y aún más comprometido está, en el sentido más amplio del término, desde que agarró el ratón de su ordenador y empezó a escribir, recordando personajes que conoció, episodios de especial importancia en su vida, viajes a tierras remotas y mucho más, encantando al lector con sus epifanías de papel. Hoy da un salto cualitativo y, de narrador de historias, se convierte en maestro del consejo y azote de los defensores de la falsedad, allá donde acechen. Y lo hace en este nuevo libro suyo, tanto o más cautivador y útil que los anteriores, enriquecido ya, como está, con muchos años de experiencia en la materia, con mucho conocimiento especializado y no especializado, acumulado a través de lecturas adecuadas y selectas y con amplias y serias relaciones interpersonales con críticos, artistas y galeristas, incluso internacionales. Hoy, en la cima de su carrera profesional, Ezio Pagano puede permitirse dialogar con un imaginario público de lectores, deseosos de escuchar sus valiosos consejos y reflexiones. Dialogar sí, porque este es el estilo que Ezio prefiere a la hora de escribir: le ha cogido gusto a la escritura y se ha vuelto cada vez más interesante en sus propuestas, respaldadas ahora por una puntual y sólida cultura de género. Fiel a su propio ritmo narrativo, que en ocasiones se entrega incluso a lo poético, en este nuevo volumen ya no aborda el relato de personas o episodios y momentos significativos de su historia como galerista, sino que, curioso e inquieto vagabundo, se entrega a una serie de reflexiones críticas y consejos, que traslada a su hipotético lector. Para ello se muestra severo y combativo, tanto en la persuasión como en la demostración, casi como si su interlocutor estuviera presente, animado como Ezio por una especie de impulso hacia la verdad. Entabla así una conversación confidencial y amistosa cara a cara, y lo hace con la seguridad cognitiva y experiencial que caracteriza ahora su estilo, animado por la confianza y la conciencia de ser útil.

Así nació este libro, amplio y ágil a la vez, de tono polifónico, lleno de información y consejos, compuesto en su mayoría por capítulos breves, piezas esenciales y eficaces, que abordan todas las implicaciones del oficio del galerista con un procedimiento lógico-emocional, y con la mirada puesta en el comprador de obras de arte. Desde la ardua pregunta de «Qué es el arte» hasta los temas más específicos del libro, «Cómo crear una colección de arte» o «Adquirir una obra de arte», Pagano se prodiga en su amplia y profunda experiencia, entrando en detalles que solo conocen los verdaderos expertos en la materia. Sin embargo, también disfruta revelando los trucos, artimañas y deshonestidades de ciertos marchantes, de la mayoría, quizás. Y entre lo serio y lo jocoso, fluyen las nociones sobre certificaciones y peritajes, sobre múltiplos y subastas, sectores menos conocidos por la mayoría, pero necesarios, amenizados por argumentos puntuales y seguros, como los relacionados con las artes gráficas, donde es difícil no dejarse engañar si no se es un profundo conocedor. Verdaderas lecciones al estilo de Calvino. Y aquí Ezio se muestra severo y combativo con demostraciones indispensables (con la «cartela», el «*condition report*», etc.), en las que es un maestro, animado como está por el impulso hacia la verdad y el fuego sagrado de conducir a los compradores hacia elecciones honestamente rentables, haciendo hincapié en todas las cuestiones económicas de la dinámica del mercado. Y esto no solo aplica para las artes gráficas. Los capítulos son numerosos, pero esenciales, impecables, atractivas teselas para una lectura cautivadora y eficaz. Así, uno no se cansa, y mucho menos se aburre, pasando de un tema a otro, aunque el vocabulario esté convenientemente especializado, cuando es necesario, pero siempre fiel al ritmo narrativo preferido de Pagano. Más bien, uno se siente estimulado a seguir adelante y a aprender, aun cuando el autor no escatima críticas, útiles si acaso, destinadas a sugerir correcciones y revisiones necesarias. La parte final reedita algunos capítulos que ya aparecieron en el volumen anterior, *Mi presento, Ezio Pagano. Io la penso così...* (Me presento, Ezio Pagano. Esto es lo que pienso...) que amplían y consolidan las nociones, sobre todo, para quienes no lo habían leído.

Por lo tanto, este *Abecedario* merece una lectura atenta y no solo en aras de un aprendizaje útil, sino de un viaje emocional placentero e íntimo.

PRIMERA PARTE

QUÉ ES EL ARTE

Es bien sabido que el origen de la pintura se remonta al Paleolítico, cuando, antes de que se inventara la escritura, la comunicación escrita nacía en las paredes mediante pinturas rupestres. Más tarde, con la invención de la escritura arribó un profundo cambio. Esta se convirtió en el instrumento privilegiado de comunicación, mientras que la pintura adquirió el aura del arte, narrando en imágenes la historia de la humanidad y del mundo, y más tarde se convirtió también en un símbolo de estatus. El valor particular del arte permite conocer, a través de sus colecciones, la historia de los pueblos, las religiones, los sistemas sociales y las relaciones de poder.

A veces, las colecciones de arte también cuentan historias individuales particulares. Por ejemplo, la historia de la colección del Museum de Bagheria está entrelazada con mi historia personal, que se benefició del encuentro con la extraordinaria personalidad de Gillo Dorfles. Precisamente, gracias a sus enseñanzas ha crecido mi interés por el arte contemporáneo, al tiempo que he aprendido a apreciar con mayor vigor el gran arte del «*novecento*», aquel que el Maestro e historiador del arte consideraba blindado, alejado de ese «arte» infame de nuestros tiempos.

Hoy, que ya no trabajo como marchante de arte, puedo analizar las obras con más objetividad, valorando sus méritos y sus defectos; y mientras que en el arte moderno encuentro casi solo méritos, en cierto arte contemporáneo encuentro sobre todo defectos. En este sentido, mi pensamiento se dirige a Damien Hirst y a su *Tiburón*[4] sumergido en 848 litros de formol,

4 Pagano se refiere a la obra de 1991 titulada *The Physical Impossibility of Death in the Mind of Someone Living* (*La imposibilidad física de la muerte en la mente de algo vivo*). [N. del T.]

una obra no solo precaria, sino también cancerígena. También el *Comedian* de Maurizio Cattelan, el plátano atado con cinta aislante, pone de manifiesto uno de los problemas típicos del arte contemporáneo: lo perecedero de sus medios de expresión.

De hecho, se tiene la impresión de que la pintura ya no se considera el medio más adecuado para la comunicación visual, en comparación con el rol expresivo que desempeña la escritura. El camino artístico que lleva de Giotto a Picasso parece detenerse con las provocaciones de artistas como Hirst y Cattelan.

En efecto, es innegable que las reacciones de los consumidores de arte ante obras que parten de la *Gioconda* y desembocan en el *Tiburón* no muestran una trayectoria evolutiva, a menos que se considere que la reacción de asco ante el *Tiburón* constituye un paso adelante en comparación con el sentimiento de lo sublime en el retrato de la *Gioconda*.

Si queremos darle sentido, diremos que se debe a que el arte es el espejo de su tiempo y nunca antes la sociedad había sido tan decadente y carente de valores.

Hay que tener en cuenta que personalidades geniales como Lucio Fontana y Marcel Duchamp rara vez nacen y que su misión, incluso antes de enorgullecer y enriquecer a los afortunados coleccionistas, es hacer pensar a la gente para que la sociedad avance.

Así, se entiende que los mayores expertos mundiales en arte contemporáneo consideren válido el arte del presente solo en un pequeño porcentaje, mientras que el resto les deja un «mal sabor de boca».

CÓMO CREAR UNA COLECCIÓN DE ARTE

Para crear una colección de arte no basta con la mera pasión, se necesitan cualidades y aptitudes específicas, como, por ejemplo, conocimientos de historia del arte y de la dinámica del mercado del arte.

La historia del arte puede estudiarse asistiendo a cursos académicos o estudiando como autodidacta: existen varios textos, el más acreditado para el siglo XX sigue siendo el de Giulio Carlo Argan.

Para conocer la dinámica del mercado del arte son útiles, en primer lugar, las galerías de arte, las ferias, las subastas y las revistas especializadas, de las cuales la más difundida es *Artprice*. Por último, están los asesores de arte.

Por otro lado, hay quienes piensan que pueden hacerlo todo ellos mismos para acumular ventajas y casi siempre acaban malgastando el dinero y penalizando la recaudación.

Quien ha dedicado su tiempo a acumular riqueza a través de su negocio, cómo podría sustituirse por alguien que ha dedicado su tiempo a estudiar arte y comisariar exposiciones y colecciones, adquiriendo conocimientos específicos. Además, ¿cómo podría saber el coleccionista novato, de *hazlo tú mismo*, qué técnica prefiere un artista, su mejor época, sus cualidades pictóricas, los temas más representativos, y luego elaborar, o simplemente evaluar, la bondad de la cartela que acompaña a una obra? Todas cosas indispensables que requieren una pericia y unas habilidades poco comunes.

Por eso, la mayoría de las «colecciones» son meras colecciones de arte sin los requisitos necesarios para ser consideradas como tales.

La colección puede definirse idealmente como un puzle en el que cada pieza corresponde a una obra de arte y quien las ensambla tiene que asegurarse de que encajan de la manera correcta.

Desgraciadamente, ocurre a menudo que vemos colecciones con cuadros interesantes, pero que no tienen nada que ver con la colección a la que pertenecen. Esto sucede porque casi siempre las obras más significativas son menos atractivas y viceversa, los cuadros que satisfacen los gustos del consumidor inexperto suelen ser inadecuados para una colección válida.

Teniendo en cuenta mi larga carrera como trabajador artístico (he sido marquista, impresor, galerista, editor de arte, coleccionista, comisario de exposiciones y ahora director de museo), he adquirido habilidades poco comunes en más de cincuenta años de actividad, de modo que, ahora que tengo una edad respetable, tengo el placer de compartir lo que he aprendido con otros coleccionistas de arte. Sin embargo, es más difícil compartir mi pasión, porque es algo que pertenece a la esfera íntima.

Una colección de arte puede nacer por varias razones y con diversos fines, los principales, en mi opinión, son tres: el primero es *experimentar el arte*, de este tipo de colección uno puede beneficiarse espiritualmente, pero también económicamente. La segunda es la *especulación*, que a menudo no aporta más beneficios que el probable lucro. Por último, como *símbolo de estatus*, y aquí, parafraseando a Leonardo Sciascia, creo que una colección de este tipo puede ser buena para «*hombrezuelos y cuacuaracuás*».[5]

Ahora razonando sobre cómo conseguir el primer objetivo, *experimentar el arte*, el que yo recomiendo, se puede decir que el requisito principal es que las obras pertenezcan a un periodo histórico predeterminado: el siglo XVIII, el XIX, etcétera. Por ejemplo, la colección Museum de Bagheria pertenece al siglo XX.

---

5 Se trata de la expresión popular italiana, famosa tras la novela siciliana *El día de la lechuza* (*Il giorno della civetta* [1961]), donde un personaje, don Mariano, divide a los hombres en cinco categorías: «*gli uomini, i mezz'uomini, gli ominicchi, i (con rispetto parlando) pigliainculo e i quaquaraquà*». Es decir, de mejor a peor: hombres, mediohombres, *hombrezuelos*, tomaporculos y *cuacuaracuás*; estos últimos (imitando el parpar de los patos, *cuac cuac*), charlatanes, miserables, que «deberían vivir en los estanques». [N. del T.]

Un coleccionista que quisiera formar su colección con obras de este periodo histórico podría incluir, solamente, artistas italianos, mientras que en una colección de obras del siglo XXI habría sido más apropiado incluir también artistas internacionales, ya que el mundo y, por tanto, el arte se han globalizado entretanto.

El siglo XX se caracteriza por la coexistencia de arte figurativo y abstracto, como en las obras de Renato Guttuso y Carla Accardi. En la colección, por tanto, no será necesario discriminar entre ambos géneros. El mismo razonamiento se aplica también al diseño de la exposición, en la que el comisario de arte puede decidir colocarlos uno junto al otro o separarlos.

Es preferible incluir en la colección obras que marquen puntos fijos de investigación y no las realizadas para satisfacer al mercado, a veces solo útiles para amueblar salones. De hecho, una obra socialmente comprometida de Guttuso, de los años cuarenta o cincuenta, vale más que una obra de la espalda de Marta Marzotto, del mismo modo que una obra de los años cuarenta o cincuenta de Carla Accardi, del periodo de *Forma 1*, vale más que una colorida composición arabesca de los últimos años.

El mismo principio se aplica a un libro suprimido de Emilio Isgrò de los años setenta o a las obras metafísicas de Giorgio de Chirico de las décadas de 1910 y 1920.

En cuanto a las denominadas obras tardías, hay que señalar que solo deben considerarse como tales, en el sentido negativo del término, las obras ejecutadas en el último periodo de la actividad del artista, quien por falta de capacidad cognitiva repite temas y sus obras resultan cansadas y carentes de investigación y vigor.

Sin embargo, no basta con elegir obras de un periodo histórico válido si no son de calidad: de hecho, aunque el conocimiento de la historia del arte puede ser suficiente para la selección del periodo, se requiere competencia combinada con experiencia para decretar la calidad de una obra.

El valor económico de las obras viene dado, más que por su adjudicación en subastas, por su presencia en los grandes museos internacionales y en los catálogos de importantes exposiciones, hasta llegar a las que, al volverse parte del patrimonio colectivo, se incluyen en los libros de historia del arte y en las colecciones permanentes más autorizadas.

La importancia de una colección depende sobre todo de lo significativas que sean las obras que la componen y, por tanto, de su capacidad para contar la historia de la época de la que forman parte, nunca de la cantidad de obras expuestas.

Obviamente, hay muchas otras cosas que debes saber, por ejemplo, sobre las obras gráficas, a las que dedico el siguiente capítulo, pero estas son las principales.

ORIGINALES MÚLTIPLES

Los múltiples u originales múltiples de autor, ya sean esculturas, litografías, grabados, serigrafías, xilografías, linograbados, fotografías o cualquier otra cosa, solo se considerarán obras de arte si los prototipos o matrices fueron realizados por los propios artistas y las ediciones limitadas llevan la firma autógrafa del autor acompañada del número doble: un primero indica el ejemplar único y un segundo, el número total de ejemplares. También deben estar certificadas por el editor, que generalmente estampa un sello en relieve. Todo ello debe constar en el certificado de autenticidad que el marchante está obligado a expedir al coleccionista.

Para las obras múltiples existe un mercado paralelo de obras únicas, que tuvo una tendencia positiva entre los años sesenta y setenta; pero desde los años noventa se ha producido un retroceso debido a artistas, galeristas, editores e impresores poco serios: prensas motorizadas, planchas de acero, tiradas no declaradas, P. A.[6] y H. C.[7] en cantidades desproporcionadas, fotograbados, tiradas póstumas con firmas perforadas y mil chanchullos más, incluso impresiones tipográficas *offset*, haciéndose pasar por litografías o serigrafías, que crearon desconfianza entre los coleccionistas de arte y sumieron a todo el sector en crisis: una crisis que continúa en la actualidad. Por supuesto, existen obras de arte gráficas auténticas y los coleccionistas competentes saben qué y dónde comprar. Esto explica por qué grabados como los de Morandi y Bartolini, por poner algunos ejemplos, siguen siendo hoy una buena inversión, mientras que la mayoría de las obras gráficas de finales de los ochenta

---

6 P.A. (Prueba de Artista): obras múltiples guardadas para uso personal o de distribución. [N. del T.]

7 H.C. (*Hors Commerce* [Fuera de Comercio]): obras no destinadas a la venta. [N. del T.]

en adelante solo sirven para amueblar cafeterías y habitaciones de hotel.

Las colecciones gráficas son adecuadas para los coleccionistas de arte que no quieren o no pueden gastar grandes sumas de dinero y al mismo tiempo no quieren perderse los grandes nombres del arte, sabiendo que es mejor poseer un original múltiple interesante que una sola obra fea.

Baste decir que el coste de una sola obra de Lucio Fontana puede superar el millón de euros, cantidad suficiente para toda una colección de obras múltiples de los más grandes artistas internacionales.

En Italia existen varias colecciones importantes de arte gráfico, tanto públicas como privadas, como las del *Istituto Nazionale per la Grafica di Roma*, el *Gabinetto dei Disegni e delle Stampe* de la Galería Uffizi, la *Colezzione Peruzzi* de Tarquinia, etc.

En el pasado, cuando el mercado de las artes gráficas florecía y los coleccionistas de arte eran numerosos, algunos galeristas se especializaron en obra gráfica, publicando catálogos que ponían orden en el sector, sugerían valoraciones e informaban sobre las ediciones que se realizaban. Las revistas de arte también dedicaban columnas especiales a las artes gráficas. Las publicaciones más acreditadas eran *il Prandi* e *Il Disegno Italiano*, ambas editadas en Reggio Emilia, la primera por la librería anticuaria Prandi, la segunda por la galería La Scaletta.

Entre los artistas cuyas obras gráficas son muy apreciadas se encuentran: Picasso, Carrà, Moore, Morandi, Burri, Fontana, Vedova, Tàpies, Santomaso, Bartolini, Viani, Vespignani, etc.

ADQUIRIR UNA OBRA DE ARTE

Comprar un cuadro para amueblar un piso o una oficina está al alcance de todos, la elección de una obra de arte para una colección es diferente. En este caso, no basta con la pasión y la cultura general, hay que ser un experto en arte. Así que intentaré, en la medida de lo posible, dar algún que otro consejo: cuando se adquiere una obra de arte para una colección, la belleza estética cuenta menos que el significado, que también es una forma de belleza, pero que a menudo solo aprecian los expertos.

Está bien preferir las obras pintadas sobre lienzo, pero las obras sobre papel u otros soportes no deben ser discriminadas cuando son obras maestras.

Optar por grandes dimensiones, aunque son un valor añadido, pasa a un segundo plano frente a elegir obras más pequeñas, si estas son obras maestras.

No es aconsejable comprar obras directamente a los artistas o a los herederos, a menos que uno sea realmente amigo del artista o de la familia, y a veces ni siquiera esto se traduce en una conveniencia real: de hecho, los familiares son los primeros en exaltar el valor económico, sin separar el valor sentimental del valor real, por lo que los precios siempre serán más altos que los de otras fuentes.

No se deben comprar obras pensando que se pueden revender inmediatamente después a un precio más alto: si esto fuera posible, lo haría el propio vendedor.

Hay que evitar comprar la obra de un artista después de una tasación récord o cuando los medios de comunicación han actuado a su favor, quizá con motivo de una gran exposición o de un récord en subasta.

Si es posible, favorezca las obras de la época de la investigación, las llamadas obras históricas, y no las de producción actual.

Considere obras de artistas que, en opinión de los expertos, tengan una trayectoria autorizada.

Tenga en cuenta que cada artista tiene sus propias cotizaciones y que cada obra tiene su propio valor.

Ante precios muy atractivos, uno puede aprovechar gangas ventajosas, pero también puede ser víctima de un engaño.

Hay que evitar comprar obras sin cartela (factura, autentificación, archivo e informe de estado), porque es como comprar un coche sin certificado de propiedad o una casa sin escritura notarial.

Teniendo en cuenta estos pocos consejos, la compra puede resultar una buena inversión: y sin duda lo será desde el punto de vista cultural.

ADQUIRIR UNA OBRA DE ARTE EN EL EXTRANJERO

Las subastas en línea han incrementado la compra de obras de arte en el extranjero, por lo que también merece la pena mencionarlo. Hay que decir que no es frecuente encontrar obras de artistas italianos en galerías o casas de subastas del extranjero, pero cuando ocurre, se pueden hacer buenas gangas, ya que los artistas italianos no siempre son conocidos fuera de su país de origen.

En Italia, es bien sabido que la compra de obras de arte exige no solo el pago del valor de la obra, sino también el pago del IVA, que será del 22 % si se compra en una galería o casa de subastas, y del 10 % si se compra directamente al artista o a sus herederos.[8] A estos importes hay

---

8 En España, los porcentajes son del 21 % cuando se compra en galería y del 10 % cuando es directamente al artista,

que añadir, cuando se cumplan las condiciones y en la medida que establezca el cuadro legislativo correspondiente, el derecho de participación, a favor del autor o de los herederos.

Si, por el contrario, hablamos de compras realizadas en países no europeos, tendremos que hacer frente a otras obligaciones fiscales. En primer lugar, la tributación del IVA, que será el internacional, y, al tratarse entonces de una importación, se añadirán los derechos de aduana. En cuanto a los objetos de arte, existe un tipo reducido de IVA del 10 %; para los derechos de aduana, hay una tabla específica para los objetos de arte de colección.

Para conocer la lista de bienes artísticos que se benefician de la desgravación del IVA, consulte el cuadro anexo al Decreto-Ley nº 41 de 1995, mientras que, por lo que respecta a los derechos de aduana, es necesario remitirse a la Nomenclatura Combinada del Arancel Aduanero y, en concreto, a los bienes incluidos en el capítulo 97. Además, para el caso italiano, también hay que recordar el

---

herederos o profesionales no revendedores. [N. del T.]

artículo 72 del *Codice dei Beni Culturali*, relativo a la importación de obras de arte en el país.[9]

También hay que decir que, sobre todo, para el arte contemporáneo italiano, no hay muchos expertos en el extranjero y, en consecuencia, es aconsejable leer atentamente la presentación de las obras, porque muy a menudo se presentan obras con la mención «al estilo de...» para eximirse de responsabilidad por posibles atribuciones erróneas, u obras falsas.

Siempre es importante solicitar el informe de estado, para evitar sorpresas desagradables al recibir la obra.

Por último, no hay que olvidar calcular, en el coste total de la obra en sí, el de los gastos de envío, siempre a cargo del comprador, teniendo en cuenta que desde algunos países no europeos estos importes son absolutamente elevados.

---

9 En el contexto español, algunas disposiciones relativas a la importación de Bienes de Interés Cultural se establecen en los artículos de la Ley del Patrimonio Histórico Español (Ley 16 de 1985,), como por ejemplo, en el art. 32. [N. del T.]

SUBASTAS

Hay subastas malintencionadas en las que las estimaciones de las obras de arte solo responden a estrategias de mercado, en lugar de orientar realmente a los clientes. Desde luego, no me refiero a las casas de subastas más renombradas, que cuentan con expertos dispuestos a defender la reputación de los artistas, incitando a los clientes a comprar de manera profesional: ensalzando la importancia del artista y las cualidades del cuadro.

Las subastas funcionan así: el propietario de las obras de arte decide ponerlas a la venta confiándolas a la casa de subastas mediante un mandato de venta. Luego, la casa de subastas las inscribe en su catálogo para venderlas al mejor postor tras acordar el precio mínimo aceptado por el propietario, el cual, casi siempre, coincide con el precio de reserva y, en algunos casos, con la base de subasta. Además de pagar el precio de remate, el comprador abona a la casa de subastas una comisión de subasta, que suele rondar el 25%. El vendedor también paga un porcentaje al subastador, que puede acordarse cuando se concluye el mandato de venta.

Como ya hemos señalado, existen dos tipos de casas de subastas, y entre las serias se encuentran, sin duda, Christie's y Sotheby's; si habláramos también de las menos serias, la lista sería muy larga. Las casas de subastas prestigiosas cuentan con un equipo técnico de historiadores del arte, que solo después de averiguar la procedencia de la obra, peritarla, estimarla y, por último, establecer la base de la subasta, deciden si la incluyen o no en la subasta propiamente dicha.

Independientemente del resultado de la negociación, el comprador potencial solo puede sentirse verdaderamente seguro si se le da a conocer el valor real de la obra y tiene la certeza de que está comprando un bien auténtico. En cambio, en las casas de subastas de serie «b», los compradores inexpertos nunca estarán seguros de su elección porque, en la mayoría de los casos, las obras no han sido examinadas por técnicos suficientemente competentes y, en consecuencia, la procedencia, la autenticidad y la valoración no serán del todo fiables.

A veces puede ocurrir que en estas casas de subastas secundarias el coleccionista de arte experimentado haga buenas gangas, pero normalmente no son lugares frecuentados por coleccionistas de renombre que compiten por obras y no es infrecuente comprar a precios infravalorados.

Las historias de las colecciones no siempre son afortunadas y puede ocurrir que colecciones significativas, fruto de la inteligencia, la pasión, la investigación y una inversión considerable, pasen de manos instruidas a otras inexpertas que, al no reconocer su justo valor, deciden a la primera necesidad económica deshacerse de ellas con total desconocimiento de su valor real, posiblemente confiándolas a una casa de subastas que no emplea a verdaderos conocedores. Me viene a la mente un ejemplo clásico al pensar en cuánta gente regala los preciosos muebles de su abuela para sustituirlos por los de Ikea en nombre de una supuesta modernidad. Por desgracia, la ignorancia puede provocar graves errores.

En conclusión, puede decirse que las subastas son traicioneras y que solo deben acudir a ellas los expertos si no se quiere correr el riesgo de ser estafado creyendo que se está consiguiendo una ganga.

PERITAJE

Los pintores de antaño solían transcribir anotaciones en cuadernos sobre las obras que pintaban; de hecho, estas en sí pueden considerarse como obras auténticas. En épocas más recientes, los compradores fotografían las obras para que sean firmadas por el artista, lo que en algunos casos va acompañado de una declaración de autenticidad.

A principios del siglo XX se crearon los primeros archivos por iniciativa de eruditos, artistas y herederos, con el fin de catalogar y estudiar las obras y garantizar su autenticidad. Una vez completado el archivo, solía publicarse el catálogo razonado general del artista. Para llevar a cabo esta tarea se recurría a personas que, por su asiduo trato con el Maestro artista, llegaban a tener verdaderos conocimientos. En las últimas décadas, la institución del archivo se ha generalizado, sobre todo, para desenmascarar a posibles falsificadores. Esto ha dado lugar a un verdadero negocio de autentificaciones y archivos que no siempre están dirigidos por personas competentes.

De hecho, los medios de comunicación hacen eco continuamente de noticias sobre obras falsas y las consiguientes estafas perpetradas contra los compradores, hasta el punto de que en 1969 el Estado italiano intervino creando un organismo especial dedicado a este fin: el Comando de Carabinieri del Ministerio de Educación - Unidad de Protección del Patrimonio Artístico en coordinación directa con la Dirección General de Antigüedades y Bellas Artes.

Hay que decir que hoy en día el sistema de autenticaciones también está regulado en parte por la legislación estatal, de manera que el marchante en el momento de la venta, además del documento fiscal, también está obligado a emitir un documento que certifique la venta y la lícita procedencia de la obra. Hay que tener en cuenta que la autentificación de una obra y su almacenamiento, para la mayoría de los artistas, cuesta entre doscientos y dos mil euros, o más. Por lo tanto, es aconsejable, a la hora de comprar obras de arte de cierto valor, contar con una asesoría válida y cualificada. Es bien sabido que, al igual que existen falsificadores de obras de arte, también existen falsificadores de las autenticaciones. Hoy en día, vender una obra de arte importante sin la documentación necesaria que certifique su autenticidad, conservación y procedencia es casi imposible. A falta de un certificado que atestigüe su autenticidad, expedido por el propio autor, los únicos documentos válidos son: el archivo, la publicación en el catálogo general oficial, el peritaje de un erudito reconocido como experto en la obra del Maestro artista, los catálogos de exposiciones con la publicación de la obra cuando el Maestro aún vivía, la documentación fotográfica de la que pueda deducirse una relación entre la obra y su autor y, por último, una escritura autógrafa del artista que indique claramente que la obra es suya.

CÓMO VIVIR LA EMOCIÓN DEL ARTE

La condición *sine qua non* para experimentar la emoción del arte es la de no adherirse al sistema artístico actual, basado principalmente en la especulación financiera.

He escrito ya «Qué es el arte», «Para qué sirve el arte», etc., pero aún no había escrito «Cómo emocionarse con el arte». Sin embargo, este tema es prioritario, ya que hoy en día muchas colecciones son, cuando menos, confusas, y los coleccionistas, cuando les conviene, solo experimentan la embriaguez de la especulación.

Como el sistema del arte se basa en el mero beneficio económico, las falsas promesas de enriquecimiento nublan la mente de los coleccionistas que siguen condicionados, privándose del sentimiento de la emoción.

Es cierto que el arte puede cambiar con el tiempo, como lo ha hecho en el pasado, pero las condiciones para apreciarlo nunca pueden cambiar. En resumen, lo que intento decir obstinadamente es que el arte existe en cuanto comunica belleza, armonía, etc., y que la clave para reconocer estas cualidades en una obra de arte es la emoción.

Una aclaración: la belleza no es solo la luz nítida del alba, el atardecer rojo o el cielo estrellado, sino también los edificios desiguales como la torre Capital Gate en Abu Dhabi y la arquitectura del Museo Guggenheim de Bilbao, porque la belleza no teme ni a las tensiones de los nuevos arquetipos ni a la corrosión del tiempo. La belleza es una entidad abstracta que el pintor, sin conocerla, busca; cuando la encuentra, es arte y él es artista, mientras que el espectador solo se convierte en testigo de ella cuando siente emoción.

CONSERVACIÓN Y VALORIZACIÓN DE LAS OBRAS DE ARTE

Hay varias cosas que se pueden hacer para proteger y valorizar una obra de arte: expondré las principales:

En primer lugar, enmarca la obra, teniendo en cuenta que el lienzo debe respirar, así que a ser posible sin cristal y sin sellarlo por detrás.

Evite que la belleza del marco eclipse la de la obra; al contrario, que la haga resaltar.

Además de tener una función puramente estética, el marco también sirve para proteger la obra del pH de las manos. Las obras sin protección solo deben tocarse con las manos enguantadas.

Si es necesario utilizar cristal, como en el caso de las obras sobre papel, debe ser cristal de museo, que no solo las protege sino que también bloquea los rayos ultravioleta que alteran los colores y, al mismo tiempo, evita los molestos reflejos.

Por razones de conservación, es necesario exponer las obras en condiciones climáticas óptimas: lo ideal es una temperatura de unos veinte grados centígrados, con un nivel de humedad de alrededor del cincuenta y cinco por ciento.

Para la iluminación, hay que tener en cuenta que la luz solar directa tiende a alterar los colores de la obra.

Es importante mantener actualizada la ficha técnica de la obra, anotando los movimientos desde que salió del taller del artista hasta que llegó a nuestra colección. Deben registrarse allí las transferencias de propiedad, la bibliografía, las exposiciones y las posibles restauraciones. Está claro que si una obra procede directamente del estudio del artista, o bien de Peggy Guggenheim, Leo Castelli o Bruno Bischofberger, así como de las casas Christie's o Sotheby's, tiene una historia mucho más importante que una adquirida en una tienda de segunda mano o en eBay.

En cuanto a los préstamos para exposiciones temporales, deberían limitarse a exposiciones de cierta relevancia, organizadas por comisarios de arte profesionales. Si el evento en cuestión se pudiese celebrar en un espacio de prestigio, acompañado de una publicación igualmente relevante que lo documente, la obra se vería realmente valorizada. Por ello, es aconsejable que la persona que organice la exposición coloque en el reverso de la obra la placa de la exposición o, en su defecto, un sello.

En cuanto a la publicación de la obra en libros, revistas y periódicos, se aplica el mismo principio: a falta de autoridad, es preferible una obra inédita. De hecho, los comisarios de exposiciones suelen preferir obras famosas o inéditas y no algo ya visto y reseñado en exposiciones o publicaciones de escaso perfil cultural.

EL TÍTULO EN LA OBRA DE ARTE

Si no fue el artista quien atribuyó el título a la obra, es un error que otros lo hagan. De hecho, cada obra provoca reacciones diferentes en función de los múltiples parámetros educativos y culturales del espectador, por lo que su significado no puede relacionarse con el título.

La interpretación más directa de una obra de arte es la sensación que tiene el espectador al observarla, independientemente de que coincida o no con la del artista, por lo que el título puede ser incluso engañoso.

De hecho, está bien establecido que, para disfrutar mejor de una obra de arte, quien quiera gozar de la visión poética de la obra debe evitar recurrir al título, para divagar libremente con la imaginación.

Sin embargo, una nomenclatura identificativa y no descriptiva de la obra es necesaria para su identificación, por lo que muchos artistas asignan a la obra un código en lugar del título, a veces un código alfanumérico que hace referencia al lugar y la fecha de ejecución.

LEER LA OBRA DE ARTE

Si al observar la naturaleza, la apertura de una flor, un amanecer o un atardecer, o al escuchar el piar de los pájaros, somos capaces de maravillarnos, hay en nosotros una predisposición notoria para leer con provecho una obra de arte.

De hecho, solo quienes posean estas cualidades serán capaces de captar los elementos evocadores de cualquier obra de arte que puedan hacer aflorar su significado, para satisfacer no solo el disfrute visual, sino también el deseo de conocimiento.

Hay obras de arte que surgen por casualidad y, precisamente por esa característica espontánea, su mensaje puede tener distintas lecturas en función de las peculiaridades del espectador.

Para comprender mejor este concepto, recurriré a una anécdota. Un famoso pintor decidió una vez realizar un experimento creativo. Sumergió su pincel en el color, extendiéndolo al azar sobre la superficie del lienzo en blanco, con pinceladas amplias y generosas, luego observó la mancha hasta captar una idea que fue refinando en su mente y, cuando la tuvo clara, la elaboró sobre el lienzo, expresándola con su propio estilo. Una experiencia similar a la que inspiró el famoso dicho atribuido a Picasso: «Yo no busco. Yo encuentro».

Teniendo en cuenta esta anécdota y contemplando cualquier obra de arte con la misma libertad, será difícil no encontrar puntos de lectura y, en consecuencia, no habrá más obras incomprensibles.

Por supuesto, puede ocurrir que nuestra lectura no coincida con la de otros; en tales casos, la comparación con otras posibles interpretaciones estimulará un debate, que contribuirá al alimento cultural de los espectadores, potenciando así la tarea primordial del arte.

Al observar la obra de Guttuso, nos percatamos de una aglomeración de rostros de hombres y mujeres que emergen de un fondo indistinto, lo que provoca una reflexión más profunda. De hecho, centrándonos en las miradas, nos damos cuenta de que ninguno de los personajes es alegre o, al menos, sereno. Hay una referencia evidente a las ilustraciones del *Inferno* de Dante. Si nos detenemos en los rostros, notamos en particular el del propio Guttuso, retratado varias veces junto a su amada Marta, pero también junto a su esposa Mimise: la representación explícita de una vida transcurrida entre la pasión por su amante y el afecto por su esposa, sin temor a las posibles reacciones de los moralistas.

Por supuesto, esta no es más que una lectura, que puede no ser compartida. En cualquier caso, la comparación con otras posibles interpretaciones puede estimular un debate que contribuya al alimento cultural de los espectadores, cumpliendo así la tarea primordial del arte.

Renato Guttuso, *Tavola dantesca*, 1963,
técnica mixta sobre papel lienzo, 71x101 cm.

CLASIFICACIONES DE LAS «OBRAS DE ARTE»

Las obras de arte pueden dividirse en tres categorías: las obras maestras, las obras de arte, y las pinturas y esculturas.

Las obras maestras son obras que, según quien lo vea, han contribuido a cambiar el mundo y, por tanto, pueden considerarse bienes de la humanidad; casi siempre son de acceso público, sea que pertenezcan al Estado o a particulares. Por citar algunas, la *Gioconda* de Leonardo, el *Guernica* de Picasso y la *Crocifissione* (Crucifixión) de Guttuso pueden considerarse obras maestras.

A lo largo de un siglo, las obras maestras se pueden contar con los dedos de una mano y su estimación supera con creces los precios de otras obras del mismo artista.

Las obras de arte son aquellas que destacan entre la multitud de pinturas y esculturas porque tienen una fuerte identidad y son decisivas para la historia del arte. Son capaces de enriquecer el alma humana haciéndonos mejores. Suelen encontrarse en colecciones públicas y privadas y, a menudo, hacen de préstamo para exposiciones temporales.

Las pinturas y esculturas, en cambio, son equiparables a la artesanía y, por tanto, no pueden considerarse obras de arte por derecho propio; tienen valor ornamental y constituyen la mayoría de los objetos artísticos.

¿Conoces las enciclopedias falsas colocadas en estanterías expuestas en tiendas de muebles? Pues bien, los cuadros y las esculturas cumplen la misma función: se presentan como expresiones de cultura sin serlo.

Siempre he pensado que las obras maestras deben destinarse exclusivamente a los museos, para disfrute y disfrute de un público amplio y a la vez selecto. Hay que decir que se trata de obras cuyo valor económico siempre aumentará con el tiempo.

Por el contrario, las obras de arte deberían enriquecer las colecciones de los aficionados para que las experimenten del mismo modo que una buena lectura o como un viaje cultural que cambia la vida. Algunas de estas obras pueden ser una buena inversión, sin duda lo son culturalmente.

Por último, los cuadros y esculturas destinados a decorar cafeterías, hoteles y salones de casa de los menos pudientes, además de no adquirir nunca valor, muchas veces resultan ser *kitsch*.

Gillo Dorfles.

Kitsch - *oggi il kitsch.*

EL ARTE ES ABSTRACTO

El término abstracto no debe utilizarse para un cuadro que en cualquier caso es concreto. En cambio, si el cuadro es una obra de arte, el término abstracto puede referirse a su mensaje expresivo y comunicativo.

Esto se debe a que la obra de arte, además de ser expresión de valores estéticos, es también depósito de mensajes desconocidos: si, por ejemplo, observamos un bodegón de Morandi, nos impresiona de inmediato la belleza de las botellas, la armonía de la composición, la sobriedad de los colores y cualquier otro valor estético. En la misma obra, observada con mayor detenimiento, podemos darnos cuenta de que esas botellas representan a personas en actitud meditativa: así, su mensaje nos parece abstracto.

Por eso es necesario acercarse a la obra de arte ya no como espectador pasivo, sino como investigador, para que se nos revelen detalles significativos. De hecho, si el arte es mensaje y en cualquier cuadro este se descifra mediante el signo y el color, el arte es entonces todo abstracto.

Teniendo esto en cuenta, podemos cuestionar incluso la fecha de nacimiento del abstraccionismo, ya no la de tiempos recientes (Vassily Kandinsky), sino la de tiempos remotos, como el origen de la pintura, cuando los signos grabados en las cavernas, una vez decodificados, se convirtieron en mensajes en texto claro.

Por eso siempre he sostenido que no se debe clasificar el arte en figurativo y abstracto, porque son términos convencionales que solo deben utilizarse con fines ilustrativos. Por lo tanto, incluso la *Crocifissione* de Guttuso puede considerarse abstracta, del mismo modo que una de la serie *Concetto spaziale* de Lucio Fontana.

Por poner un ejemplo: el cuadro que ilustra esta reflexión es una obra de Ernesto Treccani claramente figurativa, además de que el título

Fratello e sorella (Hermano y hermana) refuerza este carácter. Sin embargo, cuando se procede a una lectura atenta, se percibe en las miradas de los hermanos el estado de ánimo: expectación, tristeza, decepción, desconcierto, denotando rasgos que van más allá del mero plano de la representación, apelando a la capacidad del espectador para ir más allá de la estética del cuadro.

Entonces, ¿la obra *Fratello e sorella* es figurativa? No. ¡Es arte y eso basta! Solo a efectos explicativos se la llamaría figurativa; pero si queremos ser intelectualmente honestos, deberíamos decir que todo arte es abstracto.

Ernesto Treccani, *Fratello e sorella*, 1961, óleo sobre lienzo, 140 x 90 cm.

EL CATÁLOGO DE LA COLECCIÓN

La historia del coleccionista que crea su propio museo tiene sin duda muchas cosas en común con la de otros coleccionistas: la más común de ellas es la pasión por el arte. Si analizamos este aspecto, nos daremos cuenta de que para el coleccionista es tanto una alegría coleccionar obras como un dolor saber que cualquier día podrían abandonarlo.

Previendo que esto ocurra, es útil imprimir un catálogo de la colección; así nadie podrá dispersar, al menos en papel, lo que una persona con tanto amor ha reunido. Por este motivo, una colección debe ir siempre acompañada de su propio catálogo.

También, el catálogo confiere un carácter oficial a la colección y la valoriza mediante relatos críticos, cuenta su génesis, cualquier anécdota y cualquier otro elemento que pueda realzar las obras individuales. De hecho, este catálogo específico debería contener reimpresiones facsimilares de peritajes, autenticaciones, archivos, reproducciones de sellos y cualquier otro tipo de documento que realce el valor de la colección y cuente su historia.

Imagínese el impacto que tendría enterarse de que la obra pertenece a la colección de Peggy Guggenheim o que se expuso en la Bienal de Venecia o en la muestra de artistas italianos del MoMA de Nueva York. Sería significativo encontrarla al hojear las páginas de la *Historia del Arte* (*Storia dell'arte*) de Giulio Carlo Argan. Bajo estas condiciones adquiriría sin duda un valor añadido frente a las obras anónimas de una pequeña galería de provincia sin historia relevante que las acompañe.

Evidentemente, cuanto más autorizado sea el conservador y autor del prefacio del catálogo, más prestigiosa será la colección.

Se consigue también un buen catálogo publicando las reproducciones de las obras a todo color, confiándose en un único fotógrafo especializado para una mejor impresión.

Todas las obras que no se publiquen, por considerarse menores, deben incluirse al menos al final del catálogo, en una lista de leyendas.

Un catálogo con estas condiciones también puede ser útil a efectos de herencia. Una copia del catálogo, de hecho, podría completarse a mano, con anotaciones en las fichas de las obras sobre el precio de compra, que debería actualizarse en caso necesario, teniendo en cuenta que no todas las obras siguen la misma tendencia de mercado.

Por último, además de contener las fichas biográficas de los artistas y la del conservador del catálogo, conviene publicar la biografía del coleccionista, que sin duda ayudará a comprender mejor la misión de la colección y cómo surgió la pasión de toda una vida.

YO, UN COLECCIONISTA *GLOCAL*[10] QUE SOLO COLECCIONA SICILIANOS

Respetando una tradición muy arraigada, al nacer me pusieron el nombre de mi abuelo paterno, Ignazio, pero, ya casi adolescente, cuando empecé a publicar mis poemas en *Dafni* junto con los de Salvatore Quasimodo, los firmaba con el seudónimo de Ezio, nombre que me ha quedado como apodo.

Mi abuelo estaba orgulloso de mí, también porque yo llevaba (o debería llevar) la tradición del nombre familiar. Así se hacía en Sicilia más que en ningún otro sitio. Yo, sin tener en cuenta un posible arrepentimiento, lo cambié, pero afortunadamente no en los documentos.

En cualquier caso, el destino del nombre ya estaba sellado, puesto que, una vez casado, tuve

10 Juego de palabras que combina *global* con *local*. [N. del T.]

dos hijas y, de todos modos, no habría sido posible transmitirlo.

Llevando conmigo esta descolorida «mancha de infamia», el tiempo se deslizó y llegué a finales de los años sesenta, cuando el sinónimo de Italia era *Il bel Paese*[11] y el lema que resonaba entre nosotros, los jóvenes, era: *¡hagamos el amor y no la guerra*!

En aquellos años, solíamos reunirnos con los compañeros del Grupo Juvenil San Cataldo, de los Padres Jesuitas, para competir al futbolín en torneos organizados por el maravilloso hermano Fiorenza. La verdad es que yo no era un miembro habitual del grupo, ni tampoco un experto jugador, ya que prefería ir a la vecina Palermo a ver las exposiciones de arte. Una pasión que nació en la Montagnola de Bagheria cuando, siendo todavía un adolescente, tuve la oportunidad de vivir una experiencia estimulante como la excelente exposición *La Sicilia nella pittura di Guttuso* (La Sicilia en la pintura

11 Desde tiempos de Dante y Petrarca, esta ha sido una expresión poética para referirse al país de la bota. [N. del T.]

de Guttuso), amenizada hasta hoy por una glosa dantesca de Carlo Levi en el catálogo, que ha quedado guardada en mi mente:

> debería regocijarse en alegría
> la délfica deidad[12] cuando la rama de
> penea[13] despierta sed ardiente.[14]

Fueron sin duda estos hechos los que marcaron mi futuro, el cual comencé a forjar, unos años más tarde, con la complicidad del poeta Ignazio Buttitta, abriendo la primera galería de arte en la historia de Bagheria. De hecho, fue Buttitta quien encontró la sede de la galería

---

12 Se refiere a Apolo, que tenía su oráculo en Delfos. [N. del T.]

13 La *fronda peneia* es la hoja de laurel. Dafne, amada de Apolo, es convertida por su padre Peneo en un laurel. [N. del T.]

14 Estos versos, *partorir letizia in sulla lieta / delfica deità dovria la fronda / peneia quando alcun di sé asseta*, evocan la alegría que ha de sentir el dios Apolo cuando los mortales aspiran a ser coronados con la hoja de laurel (emperadores o poetas). [N. del T.]

en el 23 de la calle Milazzo. A él debo también el nombre de la Galería, *l'Alcova*, y el logotipo que creó su yerno, Raffaello Piraino. Una Galería que menciono solo como un detalle en mi recorrido, ya que nunca se inauguró oficialmente.

Desgraciadamente, como había ocurrido con el nombre de mi abuelo, *l'Alcova* tampoco tuvo suerte, ya que antes de la inauguración recibí la notificación militar, la rosa para ser exactos, llamándome a prestar el servicio en Alejandría.

De aquellos años recuerdo el día en que compré mi primer cuadro. Como tantos principiantes, me quedaba cautivado por características discutibles: óleo sobre lienzo, colores fuertes y vivos, gran formato, a ser posible con un marco barroco, aunque fuera falso, siempre que hiciera juego con la tapicería de la casa.

Afortunadamente, el tiempo, galante caballero, lo arregla todo: de hecho, más tarde me di cuenta de que una obra de arte no es un simple objeto decorativo y aquellas características que me parecían las mejores resultaron ser fruto de la falta de experiencia. Por supuesto, en aquel momento no me di cuenta, porque aún no conocía la profundidad de las cosas, y mucho menos la profundidad del pensamiento. Pero luego, como la sed lleva al agua, los errores que se cometen llevan a la solución. Empecé a leer biografías de grandes pensadores y aprendí a apreciar los verdaderos valores del arte, aunque también de la vida. De mis lecturas interesantes, la que más me marcó fue la de Frida Kahlo, como cuando dice: «Si nuestros ojos vieran las almas en vez de los cuerpos, qué diferente sería nuestra idea de la belleza».

Aquellos años también los recuerdo por los largos paseos por el *stradonello*,[15] donde se respiraba despreocupación y ligereza.

Luego llegó *1968* con el movimiento sociocultural nacido para cambiar el *statu quo* del país, que nos llevó de la despreocupada ligereza a las profundidades de la vida: los que teníamos una sensibilidad más romántica leíamos a Paul Éluarde y Jacques Prévert, los líderes del movimiento católico se educaban leyendo a Don

15 El *stradonello* es la calle principal de Bagheria.

Sturzo, mientras que los bolcheviques leían a León Trotsky. Por último, los intelectuales, siempre numerosos en Bagheria, se reconocían porque llevaban el periódico del partido bajo el brazo: los comunistas *l'Unità*, los socialistas *l'Avanti*, los democristianos *il Popolo* y los fascistas *il Secolo d'Italia*.

En este escenario, Italia cambió, al igual que Sicilia y Bagheria.

Con aquel fermento cultural que se había creado, mi mayor deseo era conocer a las grandes figuras del mundo del arte, y conocí a muchas de ellas. En aquella época, ya había conocido a Lucio Piccolo, Salvatore Quasimodo, Leonardo Sciascia, y frecuentaba asiduamente a Ignazio Buttitta. También leí las biografías de Peggy Guggenheim, Leo Castelli y Renato Guttuso, personas a las que conocí personalmente y, en el caso de Guttuso, frecuenté. Gracias a estos encuentros me formé, sobre todo como galerista, acuñando el lema: «si vendo, gano; si no vendo, gano más», distanciándome de los aspectos de mero beneficio económico.

Ejercí esta actividad durante treinta años, hasta que, en los albores del presente milenio, fundé Museum, que sigo dirigiendo en la actualidad.

Estas son las etapas de mi viaje artístico:

- en 1965 empecé a organizar las primeras exposiciones de arte en el Círculo de Cultura;
- En 1968 abrí la primera galería de arte en la historia de Bagheria;
- En 1982 creé la serie editorial *I Tascabili dell'arte* (libros de arte de bolsillo);
- En 1994 fundé Museum y el Archivo Histórico de Artistas Sicilianos.

Comisario de exposiciones en Italia y en todo el mundo, actualmente soy director del Museum de Bagheria.

Mi pensamiento crítico sobre el arte de nuestro tiempo aflora en el libro *Me presento, Ezio Pagano. Esto es lo que pienso...* y en este *Abecedario*, mientras que mi historia como amante del arte se recoge en el volumen *Vidas de un galerista*, editado por Marco Meneguzzo y, por último, mi historia personal se cuenta en el libro *Desde los míticos años 60 hasta los albores del tercer milenio* (*Dai mitici anni Sessanta all'alba del terzo millennio*, Edición Plumelia, 2018).

Sobre mi trabajo, se han escrito varias disertaciones y tesis doctorales, lo que ha contribuido a ampliar mis conocimientos.

EL MUSEUM

Museum, Observatorio de Arte Contemporáneo de Sicilia, tiene como objetivo principal proteger y valorizar el arte de los autores sicilianos.

Creado en 1994, se inauguró oficialmente en 1997 y reúne obras de artistas famosos como Carla Accardi, Pietro Consagra, Antonio Corpora, Renato Guttuso, Emilio Isgrò, Salvatore Scarpitta, Alberto Savinio, Giorgio de Chirico, Augusto Perez, Mario Schifano, Antonio Sanfilippo, Giuseppe Migneco, Emilio Greco y todos los grandes artistas de origen siciliano.

Fundado y dirigido por Ezio Pagano, Museum representa el primer ejemplo de institución museística privada dedicada al arte contemporáneo en Sicilia.

La institución propone diversas iniciativas educativas y populares, recopila y encarga materiales y documentos para la creación de un archivo de artistas sicilianos contemporáneos y puede presumir de una relación consolidada con la Escuela de Especialización en Historia del Arte de la Universidad de Siena.

Está equipado con una biblioteca especializada y una videoteca. Activo y dinámico en sus contactos con el exterior, también promueve a los artistas sicilianos fuera de Italia: a lo largo de los años, además de Europa, Museum ha estado presente en Estados Unidos, Australia, Canadá, Venezuela, Argentina, Brasil, China y Rusia.

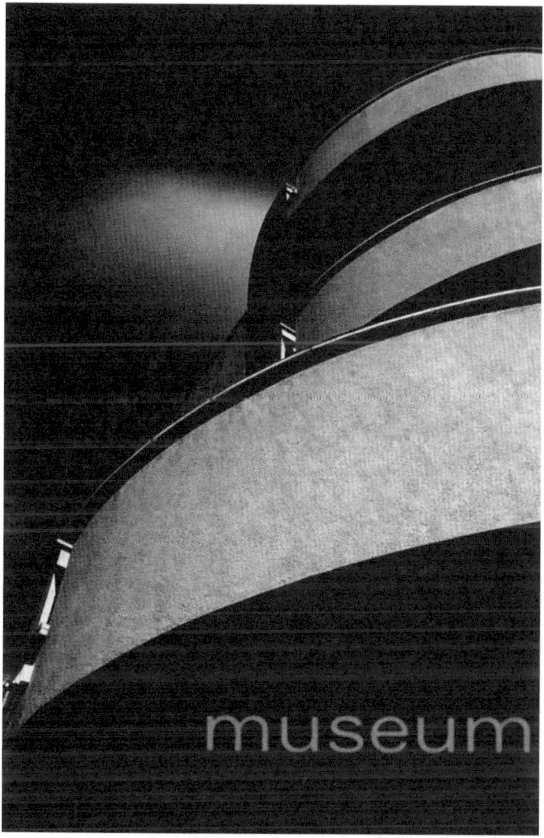

Museum Bagheria - (Foto Arena).

SEGUNDA PARTE

NOTA EXPLICATIVA

Esta segunda parte del *Abecedario* ofrece algunas reflexiones contenidas en mi libro *Mi presento, Ezio Pagano. Io la penso così...* (Edizioni Ezio Pagano, 2011). Aquí se pueden confirmar muchas de las afirmaciones realizadas en la primera parte de este manual, lo que le confiere una mayor credibilidad. Si me lo permiten, me gustaría dar un consejo a los lectores, sugiriéndoles que asocien estas reflexiones con las cuestiones analizadas en la primera parte. Sí, lo que quiero decir es que puede merecer la pena releer la primera parte, sabiendo que entre estas reflexiones se pueden encontrar profundizaciones útiles para seguir ejemplificando el tema.

Espero que alguien pueda beneficiarse de este proyecto editorial y quizá obtener ventajas prácticas de él.

Por último, quiero dar las gracias a Graziana Papale, que ha considerado oportuno volver a publicar la segunda parte de este abecedario.

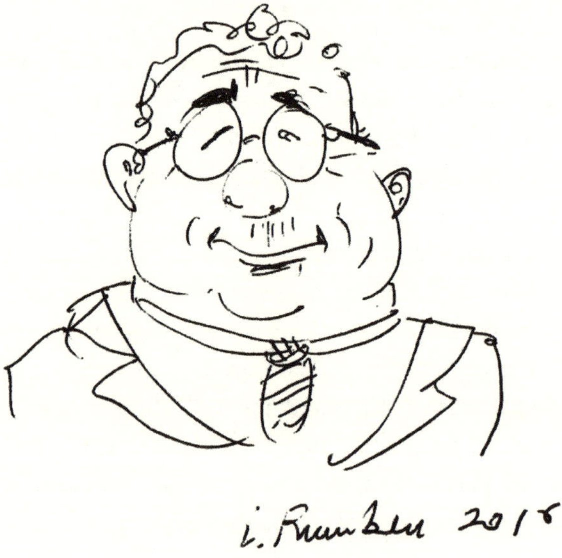

Retrato caricaturesco de Ezio Pagano
por Ismael Rumbel.

SOBRE EL ARTE DE NUESTRO TIEMPO

POR GILLO DORFLES[16]

Por un lado, las maravillosas villas de Valguarnera, Lanza, Paternò, Palagonia, por otro, una maravilla de tiempos más remotos: las excavaciones del griego Solunto. Pero había una ausencia, un elemento, un documento que nos remitiera a la actualidad, recordando a la población y a los visitantes de Bagheria el arte contemporáneo, que no siempre, pero a veces merece ser considerado (y quizá apreciado).

Creo que solo una persona entusiasta y temeraria como Ezio Pagano fue capaz de tener el valor de encontrar la manera de crear un museo —o para decirlo más claramente— un MUSEUM, dedicado al arte contemporáneo de Sicilia.

16 Milán, enero de 2008.

Esto convierte a Bagheria en un polo de atracción no solo para la historia, sino también para la cultura contemporánea. De hecho, Pagano fue capaz, desde el principio, de reunir todas aquellas obras que pudieran constituir un registro significativo para el MUSEUM, de modo que pudiera convertirse, no solo en una ejemplificación local, sino también en un patrimonio «exportable», para dar prestigio a la cultura isleña en el extranjero. Incluso a un extranjero muy remoto, como China, Estados Unidos o Australia, por citar tan solo tres de las escalas que Pagano ha hecho en sus frecuentes peregrinaciones destinadas a trazar un puente entre el «continente» de Trinacria y los otros continentes (algo mayores) del planeta.

Pero la actividad de Ezio Pagano no se limita a la de director de su museo, ya que esta ha ido siempre unida a una intensa actividad crítica para la identificación y el conocimiento de los exponentes más prometedores de la nueva vanguardia artística de la isla. Prueba de ello son las recientes colecciones de textos dedicados a diversos temas estéticos o a artistas locales individuales, que revelan una marcada capacidad interpretativa y un lúcido análisis crítico de ciertas «constantes» contemporáneas.

Estas breves indagaciones en el complejo universo del arte actual nos indican cómo la actividad de Pagano no consiste solo en coleccionar y seleccionar las obras que expone en su museo, sino también en explicitar su juicio axiológico sobre los aspectos y valores del arte actual.

Llegados a este punto, solo me queda desear al director del MUSEO de Bagheria que continúe con su agradable y generosa iniciativa; no solo eso, sino también insistir en su actividad editorial, que ya ha visto algunos productos interesantes, entre los que destaca el librito *Mi presento, Ezio Pagano. Io la penso così...* lleno de sus vivas y agudas consideraciones sobre el arte de nuestro tiempo, con sus méritos y sus muchos defectos.

QUIEN NO QUIERE VER NO VE

A partir del siglo XVIII, algunos estudiosos intentaron escribir el decálogo del arte visual sin llegar nunca a ningún resultado definitivo, y quién sabe... quizá siempre sea así, ya que la función y la forma de hacer arte cambian con el paso del tiempo.

A partir de esta premisa y de la definición ampliamente aceptada de que el arte es un lenguaje, comenzaron mis reflexiones sobre las artes visuales como lenguaje. Así, día tras día, pude comprobar que cada nuevo acto creativo desafía los cánones preexistentes inclinándose hacia nuevos lenguajes; de este modo, tradición e innovación se convierten en términos cada vez más precarios. En consecuencia, incluso los críticos han tenido que abandonar el concepto de valor absoluto. No en vano, Marcel Duchamp escribió que el valor de una obra de arte solo puede ser establecido por la posteridad. Entretanto, los numerosos nuevos lenguajes han permitido al arte disfrutar en los últimos años de un periodo de profunda innovación, la cual se ve a menudo como algo incomprensible debido a la lentitud de los consumidores para conformarse con la novedad. Sin embargo, para captar el mensaje intrínseco de una obra de arte, para dejarse impregnar por las sensaciones que solo el Arte puede dar, bastan algunas habilidades, como la intuición, la sensibilidad y un mínimo de cultura: de hecho, las sensaciones percibidas al observar una obra de arte, conectadas al pensamiento, se transforman y participan activamente en el proceso de comprensión. Por eso creo que solo quienes dan la espalda al arte no captan el mensaje que encierra. Por desgracia, hay que decir que a la mayoría de la gente le sigue importando solo la apariencia de la obra, nunca será capaz de distinguir un pintarrajo de una obra maestra.

EL ARTE EN EL ADN

Un día recibí una llamada telefónica de una profesora de primaria que me preguntó si era posible reservar una visita guiada al MUSEUM para sus jóvenes alumnos, y por supuesto, le dije que sí.

Sin embargo, me vi inquieto por tal iniciativa de la profesora; de hecho, en las cuarenta y ocho horas previas a la visita, no hice más que pensar en cómo podría mantener a raya la energía desbordante de aquellos niños.

El día de la visita, la profesora me repitió: «claro, son pequeños, pero ¿cuándo hay que empezar a llevarlos a los museos?» —«¡Incluso antes de nacer!», respondí inmediatamente. Una sonora carcajada irrumpió en la sala, y entonces continué: «¡es importante que las madres ya en la fase prenatal se nutran de buenos productos, a fin de determinar en el ADN del futuro niño las condiciones óptimas para su posterioridad intelectual, estimulando en él nuevas emociones, para que cuando crezca pueda sentir interés por el arte y tal vez comprenderlo!».

Solo así los padres podrán aspirar a tener hijos que probablemente no acaben como aquellos que, a pesar de haber amasado tanta riqueza, sin saberlo siquiera tienen horrendas pinturas en sus paredes, auténticos mamarrachos.

Afortunadamente, la visita con los jóvenes espectadores fue un éxito, hasta el punto de que en el diálogo con ellos descubrí cosas interesantes que he atesorado en mis posteriores visitas guiadas.

¿QUÉ ES EL ARTE DEL SIGLO XXI?

Cuando se habla de arte del siglo XXI, a menudo se hace referencia a la ingente producción de pinturas y esculturas que cada vez más, por desgracia, se nos presentan en exposiciones organizadas por cualquiera y en cualquier lugar.

A menudo se trata de cuadros que poco tienen que ver con el Arte, cuadros ejecutados por pintores empeñados en representar fielmente la realidad como único objetivo, por un simple placer estético. Esto, sin embargo, aunque sea un requisito previo para la creación de un cuadro, no puede considerarse una característica fundamental y necesaria para la creación de una obra de arte, si no se complementa con mensajes que tengan también la capacidad de gratificar el espíritu.

Además, ya con el descubrimiento de la cámara fotográfica, muchos artistas especialmente sensibles sintieron la necesidad de imprimir a sus cuadros un significado íntimo y profundo, alejándose así cada vez más de la obra realista que se iba convirtiendo en terreno de la fotografía; Monet, al hacer cada vez más abstractos sus nenúfares, fue un precursor de ello.

Evidentemente, con esto no quiero decir que las obras figurativas, magistralmente pintadas por Caravaggio, no sean obras de arte. Creo, sin embargo, que —aunque el arte es atemporal— hay que mirar y considerar el momento creativo, es decir, el momento histórico de realización; diría también que ningún verdadero artista pintaría hoy como el gran Maestro.

Entonces, ¿qué es el arte del siglo XXI? No existe una respuesta precisa a esta pregunta, sin embargo, puede decirse que el Arte es esa «magia» capaz de evocar mensajes estimulantes y originales en la mente del espectador.

¿PARA QUÉ SIRVE EL ARTE?

«¿Para qué sirve el arte?» es una pregunta cuya respuesta es difícil de definir y que no puede abordarse sin, previamente, tener en cuenta la presencia del espectador, condición indispensable para su existencia.

Si hablamos del espectador —por tanto, del ser humano—, no podemos ignorar su sustento y la función del arte y otras formas de cultura para alimentar su espíritu, igual que la comida nutre el cuerpo.

Con esta afirmación creo haber respondido a la pregunta: ¿para qué sirve el arte?

Profundicemos ahora en el aspecto del espectador.

Hay dos tipos de consumidores de arte, los que se limitan a observar la estética de las obras y los que se interesan por su valor intrínseco.

Estos últimos tienen capacidades y horizontes exploratorios más amplios, saben que el arte y su función están en constante evolución y que, por lo tanto, es imposible utilizar decálogos preexistentes para decodificar el mensaje y leer las obras con frialdad racional. Saben también que no es posible utilizar el método manierista de lectura de una obra figurativa para una obra contemporánea o incluso abstracta, y que solo con la sensibilidad y la cultura adecuadas cada uno podrá crearse nuevos cánones que, aplicados a los estímulos percibidos al observar una obra de arte, den lugar a lecturas posibles.

Esto solo vale para quienes creen que todas las cosas tienen alma y, por lo tanto, también las obras de arte; por supuesto, para quienes no lo ven así, este privilegio les queda excluido.

UN CUADRO NO SIEMPRE ES UNA OBRA Y UNA OBRA NO SIEMPRE ES UNA OBRA DE ARTE

Ocurre a menudo que en las conversaciones de bar se utiliza la palabra «cuadro» para referirse a una pintura que luego, si es interesante, la mayoría de las veces se califica de «bonita»; por no hablar de cuando se justifica su compra diciendo: «donde tengo que ponerla, queda bien». Nada de esto sería sorprendente si ciertos «amantes» del arte no hablaran a veces así también.

En resumen, está claro que estas conversaciones merecen el respeto de la llamada charla de bar.

Amigos lectores, ¡no quiero entrar en polémicas! Solo quiero aclarar que «cuadro», según la definición del diccionario, significa cualquier objeto de forma cuadrada, por lo que no hay relación con la obra de arte. «Bonito», significa aquello que por su aspecto exterior provoca impresiones agradables, término utilizado principalmente para el aspecto exterior de las cosas y, sobre todo, de las personas y, por tanto, término impropio para definir una obra de arte, que casi siempre oculta su valor intrínseco tras lo exterior, es decir, lo confiado a la facultad humana de pensar. Por último, la expresión «donde tengo que ponerla queda bien» es reduccionista, de hecho, puesto que el arte es lenguaje, la obra no puede concebirse únicamente como objeto de decoración.

Ante esta forma incalificable de hablar sobre arte, pondré una más correcta y pulida, utilizada por un verdadero conocedor del arte y del lenguaje, que someteré a vuestra atención, y para ello tomaré como ejemplo una obra de Piero Guccione, *La maschera e l'Ibisco* (La máscara y el hibisco), y la lectura que de él hace Francesco Carbone: «El poder del Mito emerge en esta obra, del artista de Scicli, para dar vida a un relato que hunde sus raíces en el sentido de la historia y llega hasta el presente. Una representación densa de símbolos, culta, que anula la dimensión temporal y hace de la pintura su libro supremo».

Como es evidente, quienes hablan y escriben así nunca llamarían «cuadro» a una obra de arte ni pronunciarían el adjetivo «bonito» para ensalzar sus cualidades.

LOS MUSEOS COMO LABORATORIOS DEL SABER

Para adentrarse en los méritos de los museos como laboratorios del conocimiento, es aconsejable asistir a entornos propicios, donde la centralidad venga dada por la experiencia que la obra de arte nos permite vivir y no por atractivos de otra naturaleza. De ahí la importancia del papel innovador del museo, que además de su función tradicional como lugar de conservación y contemplación, tiene también la de fomentar la educación y el conocimiento.

Por ello, el museo de hoy debe ir más allá de su función tradicional, en su nueva dimensión de laboratorio del saber, y aspirar a la participación activa del usuario mediante formas diversificadas de didáctica que comiencen con los niños de la guardería y pasen por todos los cursos escolares, sin acabar nunca.

En estos raros lugares de exposición, además, una buena aproximación al arte contemporáneo es, sin duda, la de la curiosidad, por lo que ante una obra de arte es necesario cuestionarse continuamente y darse respuestas.

Compartir este principio hace comprender por qué los especialistas valoran la importancia de un museo por su capacidad real de generar cultura, y no por el número de visitantes que, en su mayoría, piensan en el museo como en una sala de exposiciones y consideran el arte como un mero objeto decorativo o, peor aún, como un espectáculo.

CUANTO MÁS INCOMPRENSIBLE ES EL ARTE, MÁS ARTE ES

Este mensaje se dirige principalmente a quienes creen que el arte contemporáneo no expresa nada. Si intentamos pedir a un caballero inculto que lea una obra de arte contemporáneo, seguramente responderá que la obra no expresa nada; la misma pregunta, en cambio, tendrá una solución diferente si la cuestión se dirige a un intelectual, y cuanto más culta sea la persona, más interesante será su lectura.

En 2001, el artista internacional Maurizio Cattelan, invitado por la Biennale de Venezia, creó una gran instalación con la inscripción HOLLYWOOD en la colina Bellolampo de Palermo, un vertedero de residuos sólidos urbanos; comprender su significado no era difícil, pero para quienes consideran el arte contemporáneo *a priori* estéril, aquella obra no pasó de ser una simple inscripción.

La obra, sin embargo, provocó una reacción totalmente distinta en quienes, creyendo en el mensaje visual del arte contemporáneo, fueron capaces de discernir un significado profundo en esa palabra; por ejemplo, una posible interpretación: la posibilidad de que las zonas degradadas de Sicilia puedan convertirse en un segundo Hollywood en el futuro.

Como puede verse, se trata del mismo trabajo, pero expuesto a dos categorías diferentes de personas. ¿A cuál pertenece usted? ¿Cree que es posible curar esta forma de ceguera? Estoy convencido de que es posible.

Asimismo, cuando se enfrente a una obra de arte contemporáneo aparentemente incomprensible, si está expuesta en un lugar cualificado, no se alarme y recuerde que «cuanto más incomprensible es el arte, más arte es» (B. Berenson).[17]

---

17 Bernard Berenson (1865-1959) fue un historiador del arte, crítico y coleccionista estadounidense, reconocido

UNA REFLEXIÓN SOBRE LOS «ISMOS»

Me gustaría hablar de la torpeza de los lenguajes artísticos para decir que, a veces, incluso a los más eruditos les cuesta reconocer las diferencias.

Todo empezó a finales del siglo XIX, cuando, además de hablar de la pintura del siglo XIX, se introdujeron términos como impresionismo, romanticismo, divisionismo, etc., por no hablar del siglo XX, donde los ismos eran tan numerosos que ya no se podían contar.

Y usted, ¿sabría reconocer cada «ismo»? ¿Sabría distinguir, entre los miles de obras producidas en el siglo XX, las que pertenecen al formis-

---

por su enfoque científico y empírico en el estudio del arte, especialmente en la atribución de obras del Renacimiento italiano. [N. del T.]

mo, al purismo, al suprematismo, al puntillismo, al tachismo, al eaísmo, entre tantas otras?

Por si fuera poco, a finales del siglo pasado, llegamos a la paradoja de llamar a la misma corriente con más de un nombre, de modo que, por ejemplo, el anacronismo, corriente que se remonta al realismo y de la que Maurizio Calvesi es el principal defensor, también se llama *pintura culta* por Italo Mussa, o *nuevo clasicismo* por Edward Lucie-Smith, y así sucesivamente. Y pensar que los ismos nacieron para aportar claridad.

Personalmente, al margen de los ismos universalmente reconocidos, como el futurismo o el expresionismo, por poner algunos ejemplos, prefiero distinguir el arte a través de una colocación histórica y, en consecuencia, hacer una lectura precisa del mismo.

SOLO SE NECESITA ARTE DE VERDAD

El 90% del arte es malo, el 9%, bueno y el 1%, fabuloso (y quizá así se quede).

JERRY SALTZ

Ocurre con frecuencia que ciertos críticos y galeristas se apresuran a «descubrir» nuevos pintores y escultores que, de otro modo, pasarían desapercibidos.

A este respecto, es bueno saber que la humanidad se divide en dos categorías: protagonistas y extras, pero cuidado: ¡el protagonista es indispensable, el extra no! Es así tanto en la vida como en el arte. De hecho, si intentamos analizar la historia del arte, nos damos cuenta de que el tiempo reduce drásticamente el número de artistas. Basta pensar en cuántos pintores hace apenas una década dominaban el mercado y las páginas de las revistas de moda y hoy han pasado al limbo de los olvidados, y luego cuántos pintores hay en el mundo que simplemente serán olvidados dentro de unas décadas. Siguiendo esta lógica, es posible predecir que, en menos de cien años solamente, del siglo pasado se recordará a unos pocos artistas de fuerte contenido innovador, es decir, a protagonistas como Cézanne, Braque, Picasso, Fontana, Duchamp, Pollock, Bacon, Sutherland, etc.

Como humanidad tan solo necesitamos arte de verdad. El resto solo sirve a la necesidad momentánea del hombre.

TODOS SOMOS ARTISTAS

Muchos autodenominados pintores a menudo me ponen delante cuadros que ni siquiera merecen ser expuestos y me piden que les dé una opinión.

La mayoría de las veces, sin embargo, se decepcionan y me preguntan quién y qué es para mí un artista: respondo que todos somos artistas.

Para comprender mejor esta respuesta provocadora, conviene saber que el artista frecuentemente aborda el lienzo sin tener idea de lo que va a hacer, pero es precisamente en esta falta de idea donde puede esconderse la obra de arte.

Un amigo pintor me contaba que, a veces, ante un lienzo en blanco, no sabía qué pintar, así que con un pincel grande mojado en el primer color que encontraba, emborronaba la superficie blanca del lienzo y luego buscaba entre los pliegues de esa mancha una sugerencia, que a veces encontraba.

Al percatarse de esto, uno se encuentra en las condiciones óptimas para participar en el sutil juego intelectual de la lectura de una obra de arte, de modo que cuando el espectador es capaz de dar voz a sus emociones, la obra ya está leída y solo entonces se completa, convirtiéndose el propio espectador en coautor.

¡Por eso todos podemos ser artistas! Está claro que hay artistas como Fulano, Mengano y Zutano, y espectadores como vete tú a saber, pero también es cierto que hay artistas como Duchamp y Fontana y consumidores de arte como Saltz y Dorfles; pero eso es harina de otro costal.

UNA REFLEXIÓN SOBRE LOS ARTISTAS DE HOY

Cada vez con más frecuencia, jóvenes pintores y escultores me preguntan cómo consiguen el éxito, incluso antes de que hayan comprobado mi interés real por su producción artística.

Por eso, tras leer recientemente una autopresentación del pintor Carmelo Salleo (1892 1963), recuerdo la diferencia entre los artistas del pasado y los de la última generación.

De hecho, la comparación entre las dos generaciones me revela la decepción que muchos «artistas» actuales ofrecen respecto al concepto que tienen del arte; mientras que Salleo planteaba el problema del «*atormentado* camino de las motivaciones emocionales» que le impulsaron en su trayectoria como artista, a saber, «perseguir un sueño, como necesidad del alma, a través de la búsqueda estilística personal», es bien sabido que la mayoría de los «artistas» actuales no experimentan estas cuestiones y tienen como único objetivo el éxito y el mercado y, en consecuencia, persiguen las modas.

Es evidente que, desde el punto de vista de las estrategias, estos «artistas» pueden parecer más acordes con la sociedad actual, pero es igualmente evidente que tanto las obras como las estimaciones de estos «artistas» son tan efímeras como la sociedad en la que vivimos.

Así pues, como la mayoría de los «artistas» actuales ya no son intelectuales-filósofos, y mucho menos pensadores-creativos, en mi opinión, la fama y el mercado están destinados a durar lo mismo que la prórroga de un partido de fútbol.

¿CÓMO SE DETERMINA EL VALOR DE UNA OBRA DE ARTE?

Toda obra de arte está impregnada de distintos significados, por ejemplo conceptuales, simbólicos, estéticos, históricos y otros, que determinan su valor cultural.

Sin embargo, a menudo ocurre que determinadas obras en el mercado se infravaloran o, por el contrario, se les da una estimación superior a la que realmente tienen porque no se tiene en cuenta su valor cultural.

Por eso, la valoración de una obra de arte no puede confiarse a cualquiera, ya que requiere muchos conocimientos y experiencia; cualidades que, por desgracia, no son comunes ni siquiera entre los conocedores.

Por tanto, ante una obra que se compra o se vende, se utilizarán ciertas reglas comunes para su valoración. En primer lugar, la del mercado, que tiene en cuenta la oferta y la demanda, y en segundo lugar, se valorará la técnica, el soporte, el tamaño, la época, el tema, la calidad pictórica, el estado de conservación y el currículum del artista, añadiendo finalmente el valor añadido cultural.

Entonces, ¿cómo se determina el valor de una obra de arte?

Inicialmente, teniendo en cuenta los elementos enumerados anteriormente, se debe hacer una primera estimación y, considerando el cuadro como un simple objeto de artesanía, nunca se debe atribuir un valor superior a cinco mil euros a un cuadro de medio formato, ya se trate de un pintor joven o de un Maestro artista consagrado; posteriormente, a esta estimación se añadirá el determinado valor cultural añadido esta vez únicamente por los estudiosos del tema, que podrán aumentar considerablemente el valor de la obra.

Por poner un ejemplo, pensemos en las cotizaciones de dos obras con las mismas características técnicas, una de un pintor académico y otra de un gran artista creador, como Salvatore Scarpitta. Veremos que la primera, con la adición de la plusvalía, tan solo valdrá unos miles de euros más, mientras que la segunda, valdrá, sin duda, varias decenas de miles de euros más.

Está claro, por tanto, que el valor de una obra de arte está relacionado principalmente con su valor cultural (valor intrínseco), es decir, la capacidad de una obra para superar el arte de su época.

EL ARTE COMO INVERSIÓN

A la pregunta de si comprar arte es una inversión, mi amigo Alberto Parres, en una entrevista en 1987 para una de mis publicaciones contestó: «Cuando me hablan de inversión, pienso ante todo en un coche que se me viene encima [...] Creo que si a alguien le gusta una obra y la compra, ha hecho una buena inversión consigo mismo. Al fin y al cabo, ha comprado un objeto de placer, un placer más sutil que el que te da comerte un plátano».

Dejando a un lado la respuesta irónica, los interesados en el tema deben saber esencialmente dos cosas: la primera es que la inversión segura es precisamente comprar obras que a uno le gusten de verdad, eligiéndolas quizá entre las sugeridas por un experto; la segunda es recordar, al comprar un cuadro, que una obra de arte es también un objeto de decoración, pero que no siempre un objeto de decoración es una obra de arte. Por último, si uno quiere invertir en arte y no tiene suficiente experiencia, es absolutamente necesario recurrir a un asesor de competencia y moralidad incuestionables, y solo entonces el arte puede ser también una inversión. En cualquier caso, una buena compra es siempre una inversión cultural.

A PROPÓSITO DE LAS OBRAS GRÁFICAS

A finales del siglo pasado, las artes gráficas sufrieron un duro golpe, pasando del auge del mercado al hundimiento de este importante sector.

Analicemos lo sucedido: en Italia, en aquellos años, junto con la proliferación del mercado de la obra gráfica de autor, asistimos a la proliferación de comerciantes de arte sin escrúpulos; sus burdas actuaciones rompían todas las normas éticas necesarias para distinguir una impresión original[18] de una impresión común. Así se generó

18 La primera formulación de «grabados originales» fue proclamada en 1937 por el *Comitè National de la Gravure*, en la Exposición Internacional de París. El texto de dicha resolución establecía que «debían ser considerados como grabados, impresiones o litografías originales, las láminas impresas en blanco y negro o en color, a partir de una o varias matrices, enteramente concebidas y ejecu-

un proceso en el que inescrupulosos editores de arte gráfica, guiados únicamente por el afán de lucro, imprimían más ejemplares que las tiradas declaradas, tiradas con numeración arábiga a las que luego añadían tiradas con numeración romana e infinidad de pruebas de artista (puntualmente no declaradas en la edición) y así acababan con una producción en el mercado de varios centenares de ejemplares sin conocimiento del desprevenido coleccionista.

De este modo, se produce un singular carrusel de malentendidos, por el que el comprador cree ser el afortunado propietario de una obra artística original impresa en solo unos pocos ejemplares (los declarados) y, en cambio, se encuentra, sin saberlo, con que es el propietario de tan solo uno de cientos de ejemplares, por tratarse de copias comunes, ya que no pueden definirse como originales múltiples, teniendo en cuenta los procesos de impresión utilizados. De hecho,

---

tadas a mano por el mismo artista, cualquiera que sea la técnica empleada, con exclusión de todo procedimiento mecánico o fotomecánico».

el método de impresión original es un procedimiento complejo y definido que a menudo no se respeta en su totalidad y seriedad; aquí el artista no usa la plancha para grabar la imagen y lo que hace es transferirla con sistemas fotomecánicos, el impresor, entretanto, por comodidad, modifica las prensas calcográficas manuales en rudimentarias imprentas motorizadas, e imprime más copias de las declaradas con el único fin de obtener más beneficios.

Así, cuando en enero de 2005 me invitaron a escribir un testimonio para un catálogo sobre una exposición de artes gráficas dedicada a un conocido impresor de arte por el Ayuntamiento de Palermo, escribí: «he pensado que por el simple hecho de que [...] siga utilizando la estructura tradicional, y el proceso antiguo de impresión, sería suficiente para sacarle de la "podredumbre" que existe hoy en día en este sector, donde, si tiene suerte, el coleccionista comprador de grabados originales solo se lleva a casa el autógrafo del artista, ya que a menudo la producción de grabados artísticos de hoy en día ya no reúne los requisitos para considerarse grabados originales, son solo hojas sin ningún valor artístico ni comercial. Atribuir la responsabilidad de esto solo al impresor no es correcto, porque ciertamente existe la complicidad del artista, del editor, y lo que es más importante, existe la ignorancia del coleccionista».

PREGUNTARSE QUÉ SIGNIFICA UNA OBRA DE ARTE ES UNA TRIVIALIDAD, Y LA RESPUESTA SOLO PUEDE SER IGUAL DE TRIVIAL

Cuántas veces habré oído preguntar a alguien «¿cuál es el significado de esa obra de arte?» y cuántas veces, al oír la respuesta, habré estado de acuerdo.

A este respecto, conviene saber que hay un tiempo para cada cosa, de ahí que también lo haya para comprender el arte. Así pues, cuando se quiere emprender el camino del conocimiento, es necesario hacer uso del tiempo y no pretender mediante una respuesta inmediata comprender el significado de una obra de arte.

Por eso es una tontería preguntar a un artista o a un entendido en arte por el significado de una obra.

A los principiantes que vayan a leer una obra, les recomiendo también que aprovechen el tiempo leyendo varios libros de historia del arte, para que puedan comparar las distintas teorías con la esperanza de llegar a la suya propia, condición indispensable para comprender mejor el arte actual. En resumen, anticipar el juicio de una obra de arte sin una pausa de reflexión es estar del lado de los que piensan que vale más una buena cabeza que una cabeza llena.

Solo así se podrá captar el verdadero mensaje de una obra de arte y distinguir un mamarracho de una auténtica obra maestra.

CREATIVIDAD

Para entender mejor el concepto de creatividad es necesario conocer el significado etimológico de la palabra, que significa activar la capacidad de «crear», es decir, atreverse a traspasar los límites de lo conocido para explorar posibles combinaciones e inventar nuevas formas y maneras de pensar; en definitiva, hacer cosas que puedan cambiar el mundo y a quienes viven en él.

Es lo que hicieron genios como Lucio Fontana, Samuel Beckett o Igor Stravinsky, por citar solo algunos. A estos creadores se les entendió tarde, y así será siempre también en el futuro, ya que el lenguaje de los creadores era demasiado complejo para una lectura fácil en su época.

Esta reflexión me recuerda a Ennio Flaiano, que decía: «Lo peor que le puede pasar a un genio es ser comprendido».

Por eso, en una pintura, la falta de instinto creativo marca la diferencia para el ejecutor material, que no podrá ser considerado un artista, sino un mero pintor.

COMPARAR ARTISTAS

Los artistas que operaron en el siglo XIX y principios del XX concebían sus obras con las reglas del reportero gráfico y las realizaban en consecuencia. Sobre todo, en la época del código de etiqueta, los artistas casi siempre representaban historias cotidianas en sus obras, realzando su belleza y elegancia con magnificencia, igual que habría hecho un buen fotoperiodista o cronista de la época a través de la escritura.

En nuestros días, el arte ha cambiado. De hecho, la belleza incontaminada de la naturaleza está cada vez más amenazada, ya que esta sociedad ha transformado el planeta en un mundo diferente que nos conduce poco a poco a la neobarbarie; así, cada vez hay menos teatros elegantes y más discotecas tecnológicas, cada vez hay menos poetas sabios y más rockeros bulliciosos,[19] cada vez hay menos salones culturales y más quedadas callejeras promiscuas, cada vez hay menos cafés literarios y más charlatanes televisivos, etcétera. De ahí que la «belleza» ya no sea la musa inspiradora de los artistas actuales, que entretanto la han sustituido por fuentes de inspiración menos tranquilizadoras; Jean Dubuffet, Hermann Nitsch o Jean-Michel Basquiat son ejemplos concretos.

Así, a finales del siglo XX, algunos artistas interesantes abandonaron la apariencia exterior como necesidad prioritaria y se comunicaron a través de símbolos, creando nuevas e interesantes formas de expresión. De hecho, incluso el historiador del arte Gillo Dorfles afirma: «tres cuartas partes de las obras pictóricas que se producen hoy en día son nulas, pueden no existir, y esto se debe a que muchos creen que todavía se puede hacer un paisaje, un desnudo, una naturaleza muerta. ¡Esto ya no es posible!».

---

19 La definición de *rockeros bulliciosos* no se refiere a los sanos devotos de la música rock, sino a los exaltados y malvados extremistas nacidos al calor de esta corriente musical.

¿ES ARTE LA FOTOGRAFÍA?

Tomo como referencia la columna «Mostre» (Exposiciones) del *Giornale di Sicilia* (Diario de Sicilia) para reflexionar sobre la fotografía como forma de arte. Un día, de nueve anuncios de exposiciones, siete eran sobre fotografía.

Lo curioso es que desde que algunos artistas han optado por utilizar el medio de la fotografía para sus investigaciones, cualquiera que utilice una cámara expone sus fotos y se considera un artista. Luego ocurre que unos cuantos críticos y galeristas complacientes les dan crédito, y salvo los pocos consumidores de arte con criterio que no se fían únicamente del juicio de críticos y galeristas, todos los demás quedan atrapados en los pliegues de una desinformación cada vez más frecuente. Los que pagan la factura son los coleccionistas que compran esas fotos, que pueden ser bellas a la vista, y las pagan como obras de arte sin saber que en realidad no lo son. La fotografía solo es arte si consigue hacer ver al espectador lo que el ojo humano no ve en la naturaleza, es decir, cuando la persona que está detrás del objetivo, en este caso el artista, se esfuerza en la búsqueda de un nuevo lenguaje; así ocurrió con Man Ray y aún hoy con Cindy Sherman y otros. Por lo demás, la mayoría de las fotos son de carácter documental, a veces pueden ser interesantes por otras razones, pero desde luego no son obras de arte.

ACERCA DEL CURRÍCULUM

Un número desproporcionado de comunicados de prensa sobre pintores y escultores informan sobre su participación en grandes acontecimientos artísticos, como la Bienal de Venecia, la Cuatrienal de Roma o las exposiciones del Louvre, etc.

A menudo, los remitentes de estos comunicados son pintores y escultores mediocres, por lo que la noticia provoca incredulidad, hasta el punto de que podría pensarse que se trata de falsificación.

Estas incertidumbres me impulsan a investigar, lo que casi siempre me lleva a descubrir cosas desconcertantes.

Por eso quiero compartir con ustedes mi experiencia, ya que la lectura de los currículums es hoy una práctica muy extendida y, a veces incluso, útil. El primer episodio que quiero contarles se remonta a 1995. Con ocasión de la XLVI Bienal de Venecia, la Provincia Regional de Palermo patrocinó la realización de una escultura de Medhat Shafik. El Maestro, para la ejecución de la obra, solicitó y obtuvo la mano de obra de algunos estudiantes de la Academia de BB.AA. de Palermo, estos últimos, sin embargo, se autoatribuyeron arbitrariamente el privilegio de «participación» en el evento veneciano, como se desprende de sus CV. Otro episodio deplorable está relacionado con una kermés de «Artes visuales» organizada en París en el 2003, que algunos participantes presentaron como una exposición celebrada en el museo del Louvre. En realidad, habían participado en una exposición colectiva en un centro comercial, que por su proximidad al famoso museo se llama *Carrousel du Louvre*, pero que no tiene nada que ver con el famoso museo. Por último (pero solo en aras de la brevedad y no porque falten otros ejemplos), me gustaría mencionar los cientos de iniciativas promovidas por cualquiera, y patrocinadas gratuitamente por importantes organizaciones como la Bienal de Venecia, la Cuadrienal de Roma, el DARC, etc., y que se incluyen en los currículums de forma deliberadamente ambigua. El caso más llamativo es el de un escultor que, tras enviar catálogos de producción propia a la biblioteca del museo Pecci de Prato, escribió en su currículum que había colaborado con la prestigiosa institución.

Para terminar, es importante saber que en toda Exposición que se precie, como las que acabamos de mencionar, solo se participa por invitación personal, invitación que ninguno de los señores a los que me refiero ha recibido jamás. A la postre, quienes son invitados oficialmente a estas Exposiciones son incluidos tanto en el sitio como en el catálogo oficial por las organizaciones promotoras, y no en forma de anuncios donde también se les puede encontrar; a falta de tales reconocimientos, te das cuenta de que la comunicación es engañosa y los autores unos fanfarrones.

EL COLOR ROJO EN LOS CUADROS DE GUTTUSO[20]

Edoardo Melchiorri: *¿Qué es el color rojo para Guttuso?*

Ezio Pagano: Tal vez la sangre del hombre asesinado que vio de niño desde el balcón de su casa, y que en 1966 se convertiría en la obra *Yo lo vi*; tal vez el color de la bandera del Partido Comunista que tanto apreciaba; tal vez el color del puré de tomate que las paisanas, en los días de su juventud, preparaban aún en las calles de Bagheria; o tal vez, más simplemente, la belleza del pigmento; ciertamente para Guttuso el color rojo es fundamental en su obra.

---

20 RAI - TACCUINO ITALIANO, a cargo de Edoardo Melchiorri, martes 6 de marzo de 2007.

E.M. *¿Qué cuadros usan el color rojo como inspiración?*

E.P. ¡Todos! No hay cuadros de Guttuso sin el color rojo, incluso cuando no se revela, está oculto, como la sangre en las venas. Si es cierto que el rojo es el color por excelencia, Guttuso es el pintor del color por excelencia. Además, el rojo es pasión, calor, elegancia, comunismo, y Guttuso era todo eso. Cuando pienso en su obra artística, no puedo evitar pensar en los cientos de obras que exaltan este color: desde la *Battaglia del Ponte dell'Ammiraglio* (Batalla del Puente del Almirante) con sus vivos rojos de las camisas de Garibaldi hasta el *Boogie Woogie*, desde *Occupazione delle terre incolte* (Ocupación de las tierras sin cultivar) hasta *Donne che lavorano la conserva di pomodoro in Sicilia* (Mujeres que trabajan la conserva de tomate en Sicilia), pero también el gran cuadro *Bosco d'amore* (Bosque de amor), donde el color rojo, apenas insinuado en una pequeña rosa, es el color dominante de toda la gran composición. Pero el verdadero elogio de Guttuso al rojo se produce en el cuadro *La nuvola rossa* (La nube roja) de 1966. [...] Por último, me gusta recordar a Guttuso con su siempre presente jersey y bufanda rojos de cachemira, que siempre acompañaba con su bolso de mano, rojo por supuesto.

COMO EPÍLOGO

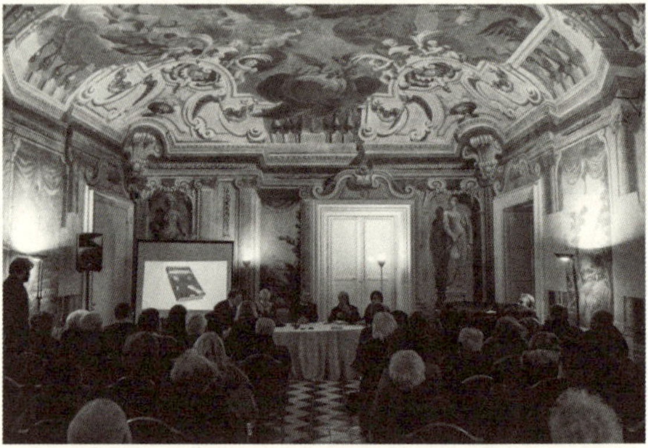

Bagheria, Palacio Butera, Sala Borremans. Presentación del libro *Dai mitici anni Sessanta all'alba del Terzo millennio - Autobiografia di Ezio Pagano* (Plumelia Edizioni, 2018). De izquierda a derecha: los ponentes Maurizio Padovano, Franco Lo Piparo, Ezio Pagano, Aurelio Pes y la concejala de Cultura, Romina Aiello.

La magnificencia del vestíbulo del Palacio Butera evoca los espíritus de los antiguos nobles, insinuando la presencia de las personalidades que lo habitaron; incluso las escenas de los frescos que se ciernen sobre nosotros desde el techo crean una atmósfera de tiempos pasados.

Solo queda disfrutar de su belleza aristocrática, dejándose seducir por las emociones.

Pero no es fácil, porque, a pesar del paso del tiempo, allí se siente el saludo cáustico del besamanos, pronunciado en señal de sumisión más que de respeto.

Esta vez, sin embargo, se invitaba a los huéspedes del palacio a la presentación de un libro, acompañado de una invitación de cortesía, que el escriba —un austero amanuense— redactaba en papel de pergamino con el escudo de la ciudad al pie. Sin olvidar, por supuesto, escribir las iniciales del nombre, apellido y apelativo del invitado en grandes letras arabescas.

El episodio que voy a relatar, a saber, la presentación de mi libro *Dai mitici anni Sessanta all'alba del Terzo millennio - Autobiografia di Ezio Pagano* (De los míticos años sesenta al alba del tercer milenio - Autobiografía de Ezio Pagano) se cruza con este otro libro, a punto de imprimirse, *Abecedario del coleccionista.*

En este libro aflora mi pensamiento crítico, que en verdad también se revela en el primero, solo que aquí se manifiesta con más gallardía porque se dirige principalmente a los coleccionistas de arte.

Hace tiempo que anhelo hablar largo y tendido sobre lo que pienso del arte, y no de la pintura, esa que decora los hogares de quienes, por el afán de hacer cuentas, han descuidado el conocimiento de las «Ciencias, Letras y Artes».

Durante la presentación, la emoción llegó tras unas pocas palabras, pero tres amigos vinieron a mi rescate y me gratificaron demasiado y de forma inmerecida.

Uno fue Aurelio Pes, escritor, antiguo Director de la Oficina Regional para la Valorización del Patrimonio Cultural de la Región de Sicilia. Fue el primer intelectual que creyó en mi proyecto Museum; otro fue Franco Lo Piparo, profesor emérito de la Universidad de Palermo y Premio Viareggio; y por último, Maurizio

Padovano, profesor de instituto y escritor. Maurizio, tras leer mi autobiografía, declaró a una cadena de televisión: «No es una autobiografía, sino una automultibiografía, porque representa la idea, el sueño y la obsesión del autor por su Museum, pero también, en cierto sentido, es sobre Bagheria y sobre la situación artística en Italia». Una afirmación que me gustó mucho, porque Museum para mí, sí, es la idea, el sueño y la obsesión, pero también es algo más: ¡mi razón de vivir!

Refiriéndome a este nuevo libro y tomando de nuevo el micrófono, dije: «No tengo ninguna habilidad que desvelar. Solo tengo un abecedario que quiero presentaros» y moviendo la mano con el gesto de lanzar redes al mar, proseguí: «Si disfrutáis leyéndolo, significa que mi relato pasará a la gloria». Fue una frase improvisada, pero que resonó en todos, intelectuales y no intelectuales. Llegados a este punto, el discurso no podía terminar ahí, así que contuve mi emoción, di aliento a las cuerdas y continué diciendo: «Si el arte es un alimento que Dios nos ha dado, es tan nuestro como de la Creación» y luego, para provocar un último aplauso: «Soy discípulo, profeta y predicador, hago este trabajo con pasión, por eso, amigos, solo os pido amor, porque así lo enseña nuestro Señor. Sé que no tengo ninguna cualificación como predicador, pero estoy seguro de que el arte puede ser sanador».

Volvió a haber un largo aplauso, esta vez todos de pie, me levanté para recoger la ovación y continué hablando en versos que el público agradeció. «Pienso en Leonardo y en su *Mona Lisa* y en su absoluta e inmensa mirada y sonrisa, miro el *Guernica* de Picasso y la libertad que no retrocedió ni un paso».

Luego interrumpí mi blablablá, para dar voz a los oradores oficiales y a los discursos de la sala, entre ellos los muy bienvenidos de Anna Maria Ruta y Arrigo Pasquini.

Al final de la presentación, se formó espontáneamente un corrillo de intelectuales que discutían sobre lo que aún podía decirse y lo que aún no se había dicho, y aquí Franco Lo Piparo dijo:

«A veces es necesario escribir sobre las diferentes formas en que los intelectuales sicilianos han vivido su relación con Sicilia a lo largo de la historia. Menciono aquí dos de ellas. Aquellos que, a temprana edad, huyeron de Sicilia y dicen que se llevaron Sicilia con ellos. Vittorini es el caso ejemplar, pero también Guttuso, Giuseppe Tornatore y Ferdinando Scianna, y muchos otros. Son la mayoría. Verga también, creo, entra en esta tipología: *I Malavoglia* fue escrita durante su estancia en Florencia y se negó durante la escritura a visitar los lugares evocados en la novela. Luego, aquellos que se quedan en Sicilia y se proponen introducir la cultura y los estilos de vida no sicilianos en el lugar donde nacieron y viven. Sciascia es el ejemplo más reciente y brillante de ello. Pero también Tomasi di Lampedusa. Estos últimos son una minoría. Ezio Pagano pertenece al segundo tipo».

Asaltado por la fulminante fatiga, estaba a punto de partir, despidiéndome de algunas personas: Antonio Presti de Catania, Angelo Pitrone de Agrigento, Ferdinando Russo, Giuseppe

Bruno, Lucio Oieni, Michele Canzon y muchos otros que habían llegado de Palermo. Aún veía a muchos amigos de toda Sicilia a los que saludaba con un gesto de la mano, como es costumbre desde la ventanilla del tren: Nino Morreale, Mimmo Aiello, Giovanni Paladino, Franco Ciminato y muchos otros.

De vuelta a casa, una vez superado el cansancio, di el justo valor a las palabras, dándome cuenta de que el sueño se había casado con la realidad y se había convertido en Museum, trayendo a mi memoria las palabras de la señora de la crítica de arte italiana, Palma Bucarelli, cuando escribió: «Me alegro por Ezio Pagano y la hermosa iniciativa que vuelve a poner a Sicilia en el lugar que le corresponde en el panorama del arte contemporáneo», o de nuevo Gillo Dorfles: «Museum es la única fuente para quien quiera estudiar a los contemporáneos sicilianos, porque la colección de Pagano es interesantísima, desde Carla Accardi, Consagra, Scarpitta, Sanfilippo, Guttuso, prácticamente todos los artistas contemporáneos más importantes están allí».

Por último, siento una gran satisfacción por haber nacido en Sicilia, la isla de los dioses y la magnificencia, donde aprendí a amar la belleza, hasta el punto de poder afirmar que el arte no es solo lo que vemos, sino sobre todo lo que sentimos en el corazón. Por esta razón, no todos pueden distinguir las obras realizadas con estímulos culturales de las producidas exclusivamente en beneficio del mercado.

De ahí la necesidad de escribir este *Abecedario del coleccionista*, con la advertencia al lector de que estas ideas pueden no ser compartidas, sin que por ello guarde rencor a nadie.

ÍNDICE

SEGUNDA PARTE

El abecedario del coleccionista
de Ezio Pagano,
compuesto con tipos DGP,
bajo el cuidado de Daniel Vera,
se terminó de imprimir
el 14 de junio de 2024,
ese mismo día en 1907,
el pintor italiano
Giuseppe Pellizza da Volpedo
acabaría con su propia vida.

LAUS DEO

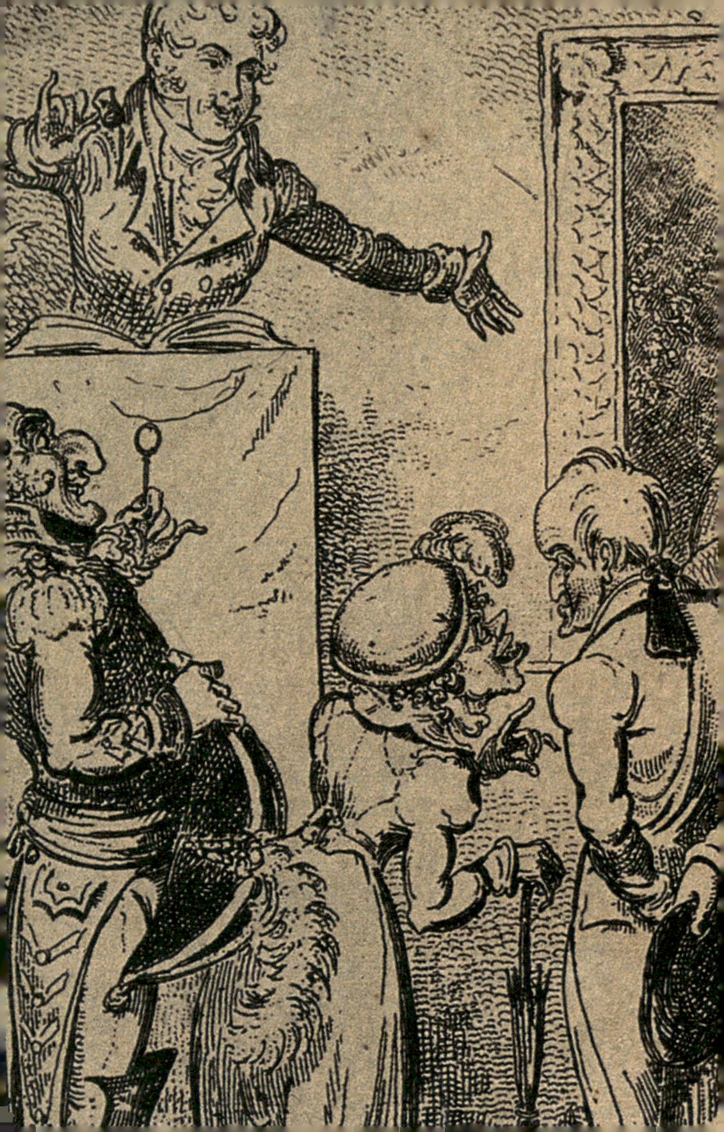